Les "psy" et l'école

ISBN : 2-7384-7941-3

Coordonné par Marie Thérèse Colpin
Avec la participation de
Ch. Berby, M. N. Forcolin, Ch. Millier, F. Pradel,
M. Cl. Rollandin, H. Viart

Association des Psychologues Scolaires de L'Isère

Les "psy" et l'école

L'Harmattan
5-7, rue de l'École Polytechnique
75005 Paris - FRANCE

L'Harmattan Inc.
55, rue Saint-Jacques
Montréal (Qc) - CANADA H2Y 1K9

REPERTOIRE DES SIGLES UTILISES

A.I.S : Adaptation et Intégration Scolaires
A.P.A.J.H : Association Pour Adultes et Jeunes Handicapés
A.R.I.S.T : Association de Recherche pour l'Insertion Sociale des Trisomiques
A.S.T.I : Association de Solidarité avec les Travailleurs Immigrés
A.T.S.E.M : Agent Territorial de Service des Ecoles Maternelles
B.C.D : Bibliothèque Centre Documentation
C.A.M.S.P : Centre d'Aide Médico-Sociale Précoce
C.A.T.T.P : Centre d'Accueil Thérapeutique à Temps Partiel
C.C.P.E : Commission de Circonscription Préélémentaire et Elémentaire
C.D.E.S : Commission Départementale de l'Education Spécialisée
C.E.R.E.D.A : Centre d'Etude et de Recherche de l'Enfant dans le Discours Analytique
C.F.T.M.E.A : Classification Française des Troubles Mentaux de L'Enfant et de l'Adolescent
CL.I.S : Classe d'Intégration Scolaire
C.M.P : Centre Médico-Psychologique
C.M.P.P : Centre Médico Psycho-Pédagogique
D.D.A.S.S : Direction Départementale de l'Action Sanitaire et Sociale
G.A.P.P : Groupe d'Aide Psycho-Pédagogique
I.E.N : Inspecteur de l'Education Nationale
I.M.E : Institut Médico-Educatif
P.E.I : Projet Educatif Individualisé
P.M.I : Protection Maternelle Infantile
R.A.S.E.D : Réseau d'Aides Spécialisées aux Elèves en Difficultés
S.E.S.S.A.D : Service Educatif de Soins Spécialisés à Domicile
S.E.G.P.A: Section d'Enseignement Général et Professionnel Adaptés
Z.E.P : Zone d'Education Prioritaire

Avant propos

Voilà plus de 50 ans, la Psychologie faisait son entrée dans l'école, grâce à la nomination, à Grenoble, du premier psychologue scolaire de France : Bernard Andrey.

De psychopédagogue, à spécialiste de l'enfance inadaptée, le psychologue scolaire a vu ses fonctions et son rôle dans l'école, connaître bien des changements. Il a fallu attendre la circulaire du 10 avril 1990 pour voir ses missions définies sans toutefois faire l'objet d'une reconnaissance à travers un statut.

Parallèlement à ces évolutions, le secteur de la psychiatrie infanto-juvénile se développe. La circulaire du 11 décembre 1992 relative aux orientations de la politique de santé mentale en faveur des enfants et adolescents rappelle l'importance d'une identification des besoins dans le domaine de l'éducation et la nécessité de coopérer avec l'école : *« des actions particulières se révèlent indispensables afin de poursuivre l'insertion scolaire ou de la réaliser dans des conditions satisfaisantes, en lien étroit avec les familles. Ces actions conjointes thérapeutiques et pédagogiques appellent une collaboration entre école et santé mentale. »*

La signature de « Convention d'Intégration » donne l'occasion à des professionnels des deux institutions : Education Nationale et Santé, de se rencontrer, de se connaître.

Cette formalité administrative a permis l'élaboration en commun d'un projet cohérent autour, pour, et avec l'enfant : le Projet Educatif Individalisé.

Tout cela a amené une deuxième entrée de la Psychologie à l'école : celle du monde des soignants.

Les temps ne sont pourtant pas si éloignés où ces deux mondes vivaient séparés, presque dans l'ignorance l'un de l'autre. Le psychologue scolaire passait le relais (qui n'en n'était pas un, puisqu'il n'y avait « surtout » pas de contact) à un psychologue « un vrai », qui, dans le secret de son bureau entreprenait un long travail avec l'enfant, sans que ce temps, ne rencontre jamais le temps scolaire.

En apprenant à se connaître, en se reconnaissant, en définissant le rôle, la place, la spécificité de chacun, un travail en collaboration a pu voir le jour, dans le respect du travail de chacun, et dans le respect de l'enfant et de sa famille.

Depuis 30 ans, les psychologues scolaires de l'Isère, regroupés au sein de l'**A**ssociation des **P**sychologues **S**colaires de l'**I**sère **(A.P.S.I.)** s'intéressent aux grandes idées qui animent à la fois la Société et l'Ecole. Nous avons voulu réfléchir à cette place de la Psychologie dans l'Ecole d'aujourd'hui.

Dans un premier chapitre, à partir d'approches différentes, nous explorerons les domaines de la recherche. Le psychologue dans l'école, « le psychologue scolaire », quelle que soit sa formation initiale ne peut ignorer ce que les cognitivistes apportent quant à la connaissance des processus d'appropriation des « savoirs » chez l'enfant. Il ne peut méconnaître le champ de la psychologie sociale et la richesse de son apport en ce qui concerne la gestion du groupe-classe. Par ailleurs, comment être psychologue dans l'école sans avoir constamment à l'esprit que l'élève est un enfant appartenant à des systèmes en constante interaction. Et enfin, peut-on être psychologue en occultant ce « continent inexploré » de la psyché..... Approches différentes, pour permettre au psychologue dans l'école des regards multiples, de « changer de lunettes » et ainsi ouvrir le champ des possibles.

Dans un second chapitre, après une vue théorique des approches psycho-sociales en psychologie scolaire étayée par des pratiques dans les classes, des psychologues extérieurs à l'institution ainsi que des psychologues scolaires présentent des interventions auprès des élèves, qui se veulent « expositions » de leur niveau de réflexion actuel en vue de permettre à chacun de préciser ses propres pratiques et de les confronter.

Le troisième chapitre aborde la question de la place, au sein de l'école ordinaire, de ces enfants en grandes difficultés psychiques.

Certains y sont intégrés dans les CL.I.S., et un projet pédagogique organise leur temps scolaire. Qu'ils puissent entrer dans les apprentissages est d'ailleurs une condition à leur acceptation dans ce type de classe. Cela contribue-t-il à les soigner ?

D'autres sont en Hôpital de Jour et le projet premier se situe autour du soin. Une autre alternative a toutefois vu le jour. Des équipes du secteur de psychiatrie infanto-juvénile ont souhaité implanter certaines de leurs classes à l'extérieur de l'Hôpital de Jour. Ils nous font partager les fondements théoriques qui les ont amenés à emprunter un tel chemin.

La Psychologie a et aura dans l'Ecole la place que les psychologues sauront lui faire.

Dans une période dans laquelle on parle chaque jour un peu plus de la violence à l'école, quel apport, quelle dimension peut-elle amener pour permettre grâce à son approche spécifique, ses regards multiples, une meilleure compréhension du problème.

L'approche « psy » ne peut suffire à expliquer les phénomènes de notre Société qui se répercutent dans l'Ecole. En revanche, elle apporte un éclairage nécessaire au sein d'équipes pluri-disciplinaires, et peut-être même est-ce elle qui met « la petite goutte d'huile du désir », sans laquelle le Sujet ne peut advenir.

Marie Thérèse COLPIN
Présidente de l'A.P.S.I.

L'apport de la psychologie à l'école

La place du psychologue scolaire dans l'école

*Michel ROURE **

La question est simple, simpliste, trop simple, la réponse immédiate : la circulaire du 10 avril 1990 sur les missions des psychologues scolaires.

Si c'était aussi simple on ne vous poserait pas la question aujourd'hui. On pourrait interroger les partenaires ou les « utilisateurs » du psychologue scolaire : les enseignants, les parents, les directeurs d'école, et aussi les enfants.

Quel chemin prendre ? Celui de l'analyse du sujet en précisant ce que peut être une place, surtout à l'Ecole d'aujourd'hui, héritière de celle de Jules Ferry. Il y a deux fois la notion d'école dans la question : le psychologue scolaire dans l'école. C'est en définissant ce qu'est l'école que l'on peut faire le contour de la place du psychologue scolaire.

* *Docteur en philosophie*
Inspecteur de l'Education Nationale
Chargé de l'A.I.S.

LA PLACE

C'est un lieu, c'est la place du marché, lieu de rencontres, de dialogues, d'échanges. Le psychologue est au milieu de la vie, de la vie scolaire. Est-il à la bonne place ? A-t-il une bonne place ? Est-il trop à droite, trop à gauche, mal placé ? Est-il bien placé dans le jeu collectif pour un but, pour « marquer » un but.

Pourquoi les psychologues scolaires se posent-ils la question de leur place ? C'est bien sûr la place qu'on leur donne, qu'on leur laisse, mais c'est aussi la place qu'ils se donnent, qu'ils choisissent d'avoir, qu'ils prennent implicitement ou explicitement à leur prise de fonction, ou au fil du temps. On ne devient pas psychologue par hasard, pas psychologue scolaire par hasard, il faut être candidat et on devient psychologue scolaire justement parce que la place est à inventer.

Les manières d'interpréter le rôle sont multiples. Dans cette galerie de portraits, en 18 ans de rencontres avec les psychologues scolaires on trouve :

- le psychologue clinicien, psychanalyste, sympathique mais dans une certaine distance aux enfants, aux collègues, aux familles et à l'Institution. Il pose un diagnostic ou propose une démarche,
- le psychologue avocat de la cause des enfants, de leurs souffrances, avocat des familles. Il vient "défendre" des dossiers en C.C.P.E,
- le psychologue, patron de l'A.I.S. sur le secteur. Aucun dossier, aucune orientation n'est permise et n'aboutit sans son accord, il doit être tenu informé, et il peut effectivement beaucoup grâce à son carnet d'adresses très fourni et à des réseaux de relations internes et externes,

- le psychologue conseiller pédagogique n'a rien oublié de son passé d'enseignant, il rêve de réconcilier pédagogie, didactique et développement cognitif.

Cette galerie de portraits est nécessairement caricaturale, chaque psychologue scolaire rassemble un mélange de ces attitudes, de ces manières d'interpréter le rôle, il a « des » places, il est au coeur d'un réseau de relations qu'il fabrique lui-même, mais il a aussi une place définie par l'institution.

La loi d'orientation du 10 juillet 1989, dont on va fêter les 10 ans, se fixe des objectifs ambitieux sur lesquels nous reviendrons. La réussite du plus grand nombre des enfants passe par une approche personnalisée et par la responsabilité collective des enfants. L'article 14 de la loi, cite le psychologue scolaire parmi les membres des équipes pédagogiques - la circulaire du 10 avril 1990 parfaitement claire décrit ses missions avec précision : « le psychologue scolaire apporte dans le cadre du travail d'équipe l'appui de ses compétences ».

Le cadre est d'abord fixé : le travail d'équipe et également la spécificité. Si le reste de la circulaire rappelle les tâches habituelles d'un psychologue : suivi, bilan, tests, rencontres avec les familles et les partenaires ; elle insiste sur les axes définissant le rôle du psychologue scolaire : la prévention des difficultés scolaires nécessitant une connaissance fine des enfants dès l'école maternelle, et un dialogue professionnel avec les maîtres. Cette analyse du public concret d'un secteur, d'un groupe scolaire, lui permet de réaliser le second volet du travail d'un psychologue scolaire : participer à l'élaboration du projet d'Ecole et à sa réalisation.

Les compétences du psychologue scolaire, les constats, les bilans, les rencontres avec les familles mais aussi les partenaires sociaux (assistantes sociales, C.M.P., C.M.P.P., S.E.S.S.A.D.) lui permettent d'apporter un regard, une information sur l'état social du quartier, sur les difficultés constatées, sur les carences culturelles, économiques.

Les approches psychologiques individuelles mais aussi des comportements sociaux en termes de psychologie sociale, doivent nourrir les axes du projet d'Ecole.

Le psychologue scolaire n'a pas seulement un rôle de concepteur, il peut être acteur dans la réalisation du projet d'Ecole, dans les volets concernant les enfants ou les familles.

Sa place, les places multiples qu'il occupe dans l'Ecole, dépendent essentiellement de l'Ecole, des écoles dans lesquelles il exerce, chacune a sa personnalité, son histoire. Mais l'Ecole comme institution a changé, une étude plus précise est indispensable pour délimiter la place du psychologue scolaire.

L'ECOLE

L'Ecole d'aujourd'hui est l'héritière de celle pensée, voulue, construite par Jules Ferry, mais cette filiation doit être « dé-construite » pour mettre à jour ce qui reste de l'héritage et ce qui est né dans la pratique, dans la vie quotidienne des écoles.

La définition de l'Ecole de Ferdinand Buisson, concepteur de l'Ecole Républicaine, centralisée à la française, nous éclaire : « l'Ecole est essentiellement un organe social, ayant pour fonction de préparer les individus pour la société où ils doivent vivre. C'est une institution nécessaire pour établir la transition entre la famille et l'Etat, pour façonner les générations nouvelles non au gré du hasard, des caprices individuels ou des vues étroites de la famille, mais en vue de la vie commune ultérieure et en raison des besoins de la société »(1).

Cette Ecole est obligatoire, gratuite, laïque, avec un personnel fonctionnaire recruté par concours, et des programmes précis.

La comparaison avec l'article 1 de la loi du 10 juillet 1989 va nous permettre de clarifier la nature réelle et pas seulement vécue, empirique, de l'Ecole d'aujourd'hui. « L'éducation est la première priorité nationale. Le service public de l'éducation est conçu et organisé en fonction des élèves et des étudiants. Il contribue à l'égalité des chances. Le droit à l'éducation est garanti à chacun afin de lui permettre de développer sa personnalité, d'élever son niveau de formation initiale et continue, de s'insérer dans la vie sociale et professionnelle, d'exercer sa citoyenneté ».

En un siècle on est passé de l'obligation scolaire au droit à l'éducation, de l'instruction à l'éducation qui implique un partenariat avec les familles, de l'idée de façonner les jeunes générations à celle de former y compris à l'âge adulte. L'Ecole enfin pour cette « première priorité nationale » doit préparer de futurs citoyens et pas seulement répondre aux besoins de la Société.

L'Ecole demeure centralisée et normalisée par le recrutement et la formation de ses enseignants, par ses programmes, par ses examens nationaux et par l'évaluation

---

(1) F.Buisson - Nouveau Dictionnaire de pédagogie - Ed. 1911 - Hachette Paris p. 514

C.E. 2 / 6ème / 2de, mais elle organise autour du projet individuel de chaque enfant, de chaque adolescent, et du projet d'Ecole, d'Etablissement, des partenariats, des concertations, des collaborations avec les parents et les élus locaux.

Les Conseils de cycle, de maîtres, d'Ecole, d'Administration, l'équipe éducative, les Conseils de zone en Z.E.P. sont autant d'instances, d'espaces et de lieux pour développer les coopérations, les synergies.

La loi de juillet 89 lui a fixé des objectifs ambitieux, 80% d'une classe d'âge au niveau du baccalauréat. Il est donc naturel qu'on s'interroge sur l'efficacité du système à chacun des niveaux du système.

Le rapport de Monsieur Jean Ferrier, Inspecteur Général de l'Education Nationale rendu public début octobre 98 « Améliorer l'efficacité de l'école primaire » fait un état des lieux. Cette commande de Madame La Ministre de l'Education Nationale veut faire le point sur les applications effectives de la loi de 1989. Le bilan sans concession dressé n'épargne personne dans le système, et en particulier pas le secteur A.I.S. ni le réseau d'aides spécialisées, et évidemment pas les psychologues scolaires.... ni d'ailleurs les I.E.N. indirectement.

Les résultats observés aux évaluations C.E.2 et 6ème depuis 1989 montrent « selon les années que ce sont entre 21 et 42 % des élèves qui, au début du cycle 3 (entrée au C.E.2) paraissent ne pas maîtriser le niveau minimal des compétences dites de base en lecture ou en calcul ou des deux domaines. Ils sont entre 21 et 35% à l'entrée du Collège ».

Les moyens ne sont pas en cause. De 1960 à 1997 le nombre des élèves des écoles maternelles et élémentaires est passé de 7,1 millions à 5,5 millions, à l'inverse le nombre d'enseignants de 226400 à 310800. Le nombre d'élèves a diminué de 22% et celui des enseignants a augmenté de 37%. On est passé en moyenne à l'école maternelle de 47 élèves à 27 et à l'école élémentaire de 30 à 22 élèves, par classe.

Pour améliorer l'efficacité du système il convient donc d'agir sur le système lui-même, il y a urgence à agir en reprécisant les programmes et les objectifs d'apprentissage pour chaque cycle, en redéfinissant le temps scolaire et la place des intervenants extérieurs dans l'école. Cette maîtrise de l'ouverture de l'école devrait permettre de faire vivre les valeurs républicaines de manière effective. Le développement des technologies modernes et la place de nouveaux outils d'évaluation, comme une évaluation à l'entrée du C.P., devraient permettre des approches et des ouvertures mieux personnalisées.

Le pilotage du système doit être plus précis et plus cohérent. La mobilisation des enseignants passe par une formation adéquate, par une redéfinition du rôle des directeurs dans l'Ecole, par le travail d'équipe et par une liaison étroite avec les enseignants A.I.S. « La fonction des enseignants spécialisés doit être mise au service de la réussite pour tous ; il existe bien des réserves actuellement quant à leur réelle contribution à la prévention des difficultés et au soutien des élèves en difficulté. Plutôt que de cultiver leur différence il conviendrait que ces personnels, qui sont d'abord des enseignants prennent mieux en considération les problèmes qu'ont à traiter leurs collègues titulaires des classes et les aident à les résoudre, en coopérant avec eux dans le cadre défini par le projet de l'Ecole ». (p.9)

Ce rapport souligne que les réseaux d'aide spécialisées n'ont pas franchement changé ni d'objectif, ni d'organisation par rapport aux G.A.P.P. Reprenant le rapport Gossot sur les réseaux d'aides, il note le peu de dialogue effectif entre les maîtres spécialisés et les enseignants, l'absence d'intervention au cycle 3 et le choix des enfants pris en charge peu explicite.

« Les interventions spécialisées restent très peu articulées à la vie quotidienne de la classe, chacun ignorant ce que fait l'autre ; les séquences "perdues" dans le cours des activités de la classe que les élèves quittent pour une prise en charge extérieure devraient être rattrapées. Elles le sont rarement ». (p.98)

« Les personnels spécialisés sont rétifs à un encadrement rigoureux de leur activité pour des raisons qui résultent de la conception qu'ils se font de leur spécialité devenue sorte de domaine réservé, préservé par un secret professionnel conçu de manière exhorbitante ». (p.98)

Ces résistances, et le manque d'expertise dans le domaine de l'évaluation des apprentissages et de la différenciation des enseignements amènent à souhaiter des modifications importantes dans la conception du travail et la formation des personnels spécialisés.

« Les psychologues scolaires sont - et depuis longtemps - dans une situation ambiguë : les difficultés fonctionnelles et relationnelles ne sont pas rares entre eux et les maîtres des classes ordinaires qui reconnaissent leur identité particulière mais les craignent car ils sont parfois source de déstabilisation entre psychologues et inspecteurs, voire entre psychologues et autres membres des réseaux d'aides spécialisées. [.......] Le psychologue doit analyser les situations qui lui sont soumises en articulant les approches psychologiques et pédagogiques voire sociologiques (et quelque fois ethnologiques) : au-delà des éclairages qu'il peut apporter à la compréhension des cas toujours singuliers des enfants, il doit pouvoir prendre en compte la dimension systémique et considérer ce qui se passe, ce qui se crée... au niveau d'une classe voire d'une école ». (p.99)

La redéfinition de l'action des maîtres G, voire leur « fusion » avec les maîtres E devrait aboutir à une meilleure articulation de leur intervention avec le vécu de l'élève et de la classe. « Plus qu'un projet de réseau, c'est un programme de travail » qui est indispensable.

Cette réorientation du travail des personnes spécialisées passe par une redéfinition de la formation des personnes spécialisées et en particulier celle des psychologues scolaires. « Leur formation devrait les préparer à toutes les missions spécifiques dans l'institution éducative et pas aussi exclusivement aux tâches de diagnostic. La question des apprentissages (ce qui les rend possibles, ce qui les entrave) devrait y avoir une part prépondérante ». (p.107) La psychologie (compréhension de l'efficience, de l'inadaptation scolaire et du fonctionnement cognitif) la réflexion didactique, l'approche sociologique doivent permettre de cerner le fonctionnement du sujet, du savoir et de la situation scolaire.

L'Ecole poursuit sa mutation, il n'y a pas de transformation instantanée par décret, c'est dans la pratique quotidienne de ses acteurs, que progressivement l'enfant, l'élève sont pris en compte et que s'articule une approche à la fois individuelle et collective des élèves - c'est cette approche plurielle ou multiple qui fait la spécificité du psychologue scolaire.

DU PSYCHOLOGUE SCOLAIRE AUJOURD'HUI

Est-ce une mission impossible ? Le travail c'est sûr ne lui manque pas - et une série de textes cohérents les uns par rapport aux autres définissent son travail - circulaires du 9 avril 90 concernant les réseaux d'aides, du 23 avril 90 et du 18 novembre 91 sur l'intégration scolaire et sur les CL.I.S.

Le psychologue est au coeur des contradictions, entre le sujet et l'institution, entre la spécificité et la normalité collective, il gère les incohérences, les oppositions qui ne sont pas toutes sur le même plan et de même valeur ou importance. Il doit en même temps penser la totalité, la réalité d'une école, de ses élèves, de ses maîtres et la personnalité, les capacités de vie collective et d'apprentissage d'un enfant, d'un élève.

Ces approches multiples..., sont intellectuellement et professionnellement inconfortables à tenir ensemble. Il ne s'agit pas de concilier, mais nécessairement de prendre parti, de choisir, ou de privilégier une position, une solution, une attitude. Prendre parti entre le droit des parents et celui de l'enfant, entre le désir des parents et le projet raisonnable de l'enfant, entre le droit à l'intégration et la lourdeur du handicap.

Le psychologue scolaire met en place la prévention, sans marquage inutile, il dresse des bilans, et des constats, et signale pour orienter - prévenir sans déterminer, intervenir à temps sans constater trop tard l'irréparable.

Entre le désir de liberté, d'autonomie des enfants et surtout des parents et la revendication d'aide, d'assistance, de prise en charge, le psychologue scolaire avec les enseignants, les enfants, les familles adapte son intervention, module ses remarques, décline les priorités. Il est forcément multiple et nécessairement différent d'une situation à une autre, car au-delà du diagnostic individuel il cherche l'articulation entre l'enfant, les enfants et l'Ecole. C'est dans cette logique de double approche, qu'il participe à l'Equipe pédagogique de chacune des écoles de son secteur, il y participe en étant informé des préoccupations et des réflexions de l'équipe et en y apportant selon leur nature ses éléments d'approche et ses informations. A travers le R.A.S.E.D. et le projet d'Ecole, il organise la prise en charge des élèves en difficultés, il est acteur dans l'Ecole, pas seulement observateur.

Cette mission auprès de tous les enfants de l'Ecole maternelle et élémentaire amène à se poser les questions : faut-il mettre tous les enfants connus du psychologue scolaires ou du R.A.S.E.D. sous statut d'élève handicapé, « handicapé social » ?

Il y a dans le contexte actuel social, économique, mais aussi culturel à poser la question de la limite entre la difficulté et le handicap.

Au-delà des déficiences physiques, sensorielles ou mentales dont l'origine est clairement identifiable, nombre d'enfants sont dans des situations d'incapacité scolaire dont les causes sont multiples : difficultés sociales, familiales, économiques, délinquance.

Le choix n'est pas neutre, on ne peut placer 25% de la population scolaire sous statut d'handicapé voire d'handicapés sociaux sans conséquence pour la société.

Trois attitudes sont possibles aujourd'hui face à cette situation nouvelle pour le psychologue scolaire.

Il peut devenir le gestionnaire de l'exclusion, en déterminant au mieux et le plus consciencieusement possible les indicateurs qui chez l'enfant et dans sa famille permettent de discerner les possibilités d'adaptation et de vie dans le milieu ordinaire. Ce « tri » des enfants « récupérables » s'intègre à un réseau de spécialistes intérieurs et surtout extérieurs à l'Education Nationale qui gère globalement la population en difficulté.

Le rôle du militant de la cause des exclus peut secondairement venir au psychologue scolaire. Porte parole aux côtés des autres travailleurs sociaux, des sans voix, il puise sa légitimité dans son analyse des incapacités de cette population à s'adapter au contexte économique et social. Il milite pour un front commun enseignants, psychologues, parents.

Entre la gestion de l'exclusion, et l'exaltation de la subversion par la marge, une nouvelle voie est à inventer, à explorer. En affirmant qu'aucun fonctionnaire, qu'aucun professionnel ne peut être le porte parole des exclus, des « inadaptés sociaux » justement parce qu'il a un statut et une vision globale du système, des systèmes, des organisations, des enjeux, nécessairement on ne peut que dresser des constats et définir les besoins d'une population, non comme les souhaits d'une population, mais comme les éléments du traitement social à apporter.

Dans cette logique, l'augmentation des moyens de l'Ecole ne pouvant être à elle seule le moyen de réduire la marginalisation scolaire en cours, il faut agir dans le sens de la responsabilisation, à la fois des enseignants et des parents.

Il ne s'agit pas de porter un jugement moral sur les attitudes des uns ou des autres, mais de rendre acteur les participants de l'Ecole.

Tout ne peut être défini, par un statut ou une circulaire. A l'intérieur de l'Ecole, le projet d'Ecole doit mobiliser les enseignants y compris les moniteurs municipaux, les A.T.S.E.M., le R.A.S.E.D. Il ne suffit pas de juxtaposer des interventions pensées, conçues séparément, de faire des collages de « paragraphes » mais de répondre à de vraies questions. Les enfants peuvent-ils faire de vrais choix ? Quelle éducation à l'hygiène, comment être propre......

L'Ecole doit s'interroger sur ce qui est nécessaire, utile, superflu, sur le gaspillage et sur sa participation au processus de consommation. L'Ecole est un lieu de consommation, elle devient un supermarché, un libre service de la demande de "produits" d'éducation, elle participe à ce processus de marché de l'éducation en répondant aux « besoins » (?), aux désirs, aux souhaits des familles.

L'Ecole a-t-elle pour vocation de donner du travail aux compagnies d'autobus ? par exemple.

On ne peut aller contre l'air du temps uniquement avec des principes aussi élevés soient-ils.

La responsabilisation des parents, passe par le dialogue, par l'écoute active et volontariste, par des lieux de paroles, auxquels participe les psychologues scolaires, mais aussi des travailleurs sociaux, des membres du C.M.P., du C.M.P.P.

Tant à propos des rapports parents/enfants, des enfants qui dorment dans le lit des mères, de la filiation, des familles décomposées/recomposées, des symboles, des rites, de ce qui est vrai, bon...juste, équitable, une reprise en main par les parents de leur parole, avec leurs mots est une phase indispensable. Le pouvoir et la responsabilité passent par le discours, par la maîtrise du langage. La parole des exclus, n'est pas dans le discours technocratique des professionnels sociaux. La langue des exclus doit porter en elle-même les inflexions de leur souffrance, mais aussi les prémices des solutions possibles.

Une des manières d'approcher de ce retour à la responsabilité des parents, à leur responsabilité de parent par rapport à leurs enfants, est d'agir sur notre propre langage. Souvent le langage technique professionnel, par économie se veut synthétique et non descriptif, pour désaffectiver les situations et l'on parle : de la scolarité, des apprentissages, du développement cognitif, des trajets, des repas, des loisirs, de la santé, des vacances, etc.... et peu des situations concrètes en termes de verbes d'action.

En passant des apprentissages à apprendre, à apprendre à la maison, de trajet, ou de santé, à marcher, se déplacer, se laver, se laver les dents, à jouer... Il y a beaucoup à explorer en partant des verbes d'action qui impliquent l'emploi de sujets, et de compléments d'objet qui indiquent l'action, et de compléments de circonstances qui indiquent le lieu, la manière ou le partenaire. Il faut réinventer le discours pour pouvoir être responsable, être acteur.

Le psychologue scolaire est un acteur dans l'école. Sa place est multiple, mais s'il y a plusieurs missions, elles sont toutes articulées dans le rapport concret, entre un enfant, des enfants, et un système, une organisation, une Ecole, une Société.

Acteur, il participe à rendre les enfants, les familles acteurs des apprentissages, des acquisitions, des autonomies.

La place du psychologue scolaire est dans l'école, la psychologie scolaire est une spécificité et une spécialité reconnue qui permet une approche particulière et originale dans le passage du statut d'enfant à celui d'écolier.

Ce chemin n'est possible que si le sujet est acteur ; le retour au sujet-acteur de sa vie, de son projet, passe pour certains enfants par le psychologue scolaire.

Le sujet ne redevient acteur, quelle que soit son histoire que si on lui offre l'occasion de prendre la parole.

Pour une analyse psycho-sociale du comportement des élèves....

*Pascal PANSU **
*Eric DEPRET ***

De manière générale, nous avons tendance à expliquer le comportement des gens en faisant référence à leurs caractéristiques personnelles, leurs aptitudes ou leurs traits de caractère. On expliquera, par exemple, le comportement du voisin par son caractère généreux ou son incorrigible bêtise, de même que l'on dira d'un élève qu'il est intelligent ou qu'il manque de courage. Ainsi, pour le sens commun, les conduites d'une personne reflètent ses qualités intrinsèques. De sorte que lorsqu'on qualifie un élève de « bon » ou de « mauvais », on ne se contente pas de décrire le niveau de ses performances scolaires : on les explique par ses qualités intrinsèques de « bon » ou de « mauvais » élève (il déborde, ou manque de qualités intellectuelles, motivationnelles, relationnelles, émotionnelles...). Certes, selon les sensibilités, on aura tendance à croire que ces qualités essentielles sont innées ou acquises, mais qu'on insiste sur la nature (« c'est un enfant doué, comme son père ») ou sur la culture (« c'est un gosse mal-

* *Maître de Conférences à l'Université de Savoie*
** *Maître de Conférences à l'Université de Grenoble*

élevé »), les performances scolaires semblent déterminées par des causes internes à l'élève et relativement stables, ce que l'on peut appeler sa personnalité.

Si le point de vue du sens commun consiste à expliquer les conduites par les caractéristiques de la personne, le point de vue des sciences du comportement est assez différent. Il consiste à souligner l'influence de l'environnement auquel les personnes répondent, réagissent et s'adaptent – la psychologie sociale soulignant, quant à elle, l'influence de l'environnement social. Ce point de vue conduit alors à considérer le comportement d'une personne comme résultant de l'interaction entre les caractéristiques internes de la personne et les caractéristiques externes de la situation dans laquelle elle se trouve.

Nous voulons suggérer ici que le point de vue des sciences du comportement en général, et de la psychologie sociale en particulier, est important pour la psychologie scolaire. A ce propos, une série de recherches expérimentales, réalisées par J.M. Monteil et ses collaborateurs (pour une synthèse, voir Monteil, 1993) nous semble exemplaire.

Les « bons » et les « mauvais » élèves face à l'évaluateur

Une première expérience (Monteil, 1988) se déroule dans le contexte d'un cours de biologie dispensé à des élèves de 13-14 ans, scolarisés en classe de 4ème. La moitié des élèves participant à l'expérience appartiennent à des groupes de niveau scolaire élevé, et l'autre moitié à des groupes de niveau scolaire faible. Dans une condition dite condition de comparaison sociale (situation dans laquelle un élève connaît la compétence d'un pair qui fait la même chose que lui) l'expérimentateur disait, en désignant individuellement les élèves : « il y a parmi vous 4 élèves de niveau élevé et 4 élèves de niveau faible ». Cela correspondait au statut réel des élèves qui reconnaissaient sans difficulté à quel niveau ils étaient identifiés. Dans une autre condition, dite sans comparaison, on annonçait aux élèves qu'ils étaient tous de même niveau, sans autre précision.

En plus de cette première source de variation, les chercheurs ont introduit une seconde variable. Avant que le cours ne commence il était dit à une moitié des élèves de chaque condition « vous allez suivre un cours mais je n'interrogerai aucun d'entre vous, ni avant, ni après » (situation d'anonymat) quant à l'autre moitié des élèves il leur était dit « vous allez suivre un cours et j'interrogerai individuellement chacun d'entre vous pendant la durée du cours » (situation de visibilité).

Dans les faits aucun élève n'était interrogé durant le cours, mais après le cours tous les élèves devaient répondre à une interrogation écrite. Les réponses étaient ensuite corrigées selon un barème précis par 4 professeurs de biologie qui ne connaissaient pas les différentes conditions expérimentales (correction en aveugle).

Les résultats montrent que lorsqu'on déclare aux élèves qu'ils ont le même niveau scolaire (condition sans comparaison), tous obtiennent des résultats conformes aux résultats habituels : les « bons élèves » obtiennent des résultats élevés et les « mauvais élèves » des résultats faibles. Par contre, lorsqu'on rappelle aux élèves qu'ils sont de niveau élevé ou faible (condition avec comparaison) on observe que l'anonymat améliore la performance des « mauvais élèves » de telle sorte que leur performance ne se distingue plus de celle des « bons élèves », alors qu'inversement, la visibilité tend à améliorer la performance des « bons élèves » (voir figure 1).

Figure 1 (d'après Monteil, 1993) : Comparaison sociale, visibilité sociale, niveau scolaire et performance cognitive

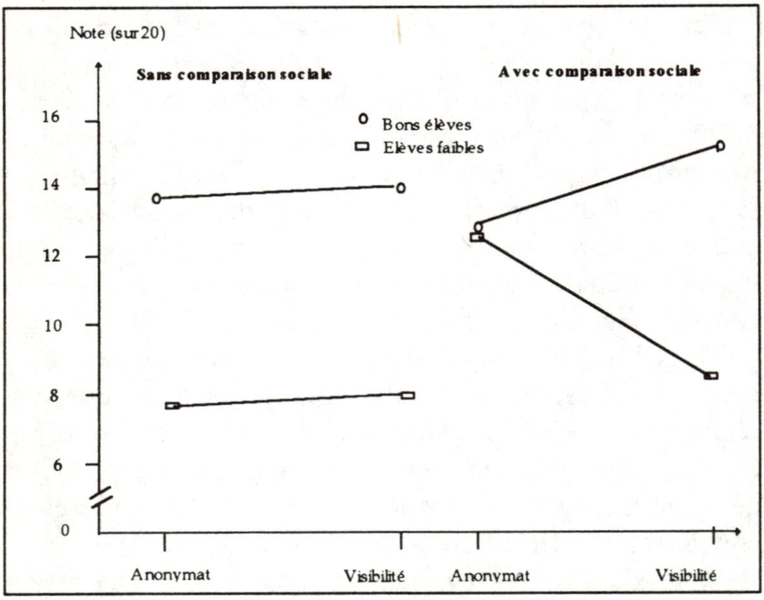

Note : - Visibilité : situation dans laquelle les élèves sont informés qu'ils vont suivre un cours et qu'ils seront interrogés individuellement durant le cours.

- Anonymat : situation dans laquelle les élèves sont informés qu'ils vont suivre un cours mais qu'aucun d'entre eux ne sera interrogé durant le cours.

Il apparaît donc clairement que la situation d'apprentissage dans laquelle on place les élèves peut modifier leurs performances. Sur le plan psycho-social, il semble important pour les élèves de se percevoir comme « meilleur » ou « moins bon » et de se savoir « visible » ou « anonyme ». Les situations dans lesquelles des élèves sont mis en comparaison reflètent certainement leur réalité quotidienne. Comme le souligne Monteil (1989, p.194) « l'école est un lieu de comparaison sociale, dont les termes sont ceux des valeurs attribuées aux élèves, et dont l'expression est liée aux positions et places sociales occupées dans le groupe ». Il est donc important de s'interroger sur l'impact de la comparaison sociale à l'école. Est-elle un facteur de motivation ou d'inhibition ? Est-elle bénéfique pour tous les enfants ? Faut-il remettre en cause le sacro-saint « passage au tableau » ?

Pour mieux comprendre les processus mis en jeu, une deuxième expérience a cette fois été réalisée seulement avec de « bons » élèves (Monteil, 1988). Dans les faits, celle-ci s'est déroulée de la même manière que l'expérience précédente, à ceci près qu'il était demandé à de « bons » élèves d'effectuer une première tâche à l'aide d'un microscope (il s'agissait de décrire une paramécie colorée observée au microscope et de rédiger un compte rendu). Cette tâche a été choisie afin que les élèves ne puissent prédire s'ils avaient ou non réussi, ce qui permettait à l'expérimentateur de « fabriquer » de l'échec ou de la réussite (de donner aléatoirement et publiquement un feed-back de réussite ou d'échec à de « bons » élèves). Ensuite, venait le cours de biologie et l'interrogation écrite finale comme dans la première expérience. Comme le montre la figure 2, les résultats sont conformes à ceux de la condition comparable de l'expérience précédente (avec comparaison sociale). Les élèves en réussite ont une meilleure performance en situation de visibilité alors que les élèves en échec ont une meilleure performance en situation d'anonymat.

Figure 2 (d'après Monteil, 1993) : Feed-back de succès ou échec, visibilité sociale et performance cognitive (« bons » élèves uniquement)

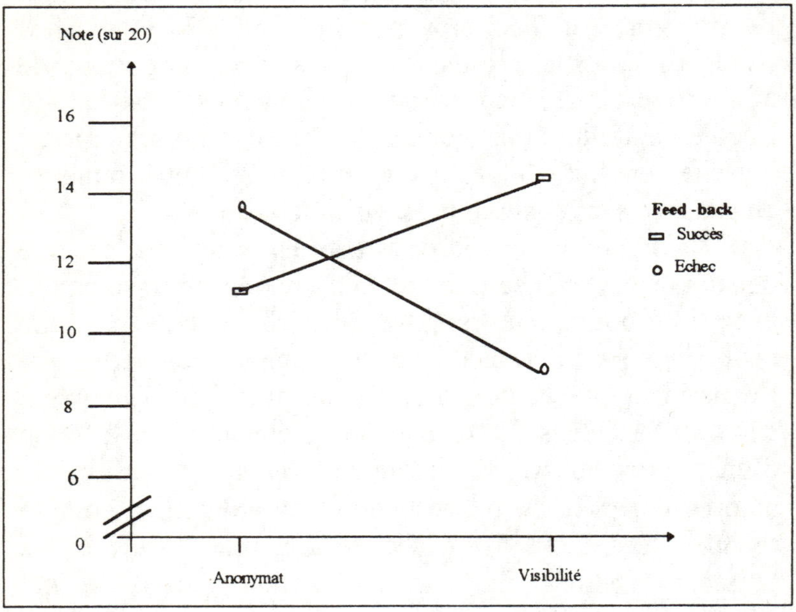

Si ces résultats suggèrent que, chez les « bons » élèves, le fait de s'attendre à être évalué peut produire des effets positifs ou négatifs selon les attentes de réussite ou d'échec, la réplication de cette expérience avec des élèves de niveau scolaire faible n'a pas produit les mêmes effets (Monteil, 1991). Comme le montre la figure 3, un feed-back de réussite améliore la performance en condition d'anonymat seulement. Chez ces élèves, le fait de s'attendre à être évalué ne produit aucun effet positif sur leurs performances, bien au contraire.

Figure 3 (d'après Monteil, 1991, 1993) : Feed-back de succès ou échec, visibilité sociale et performance cognitive (« mauvais » élèves uniquement)

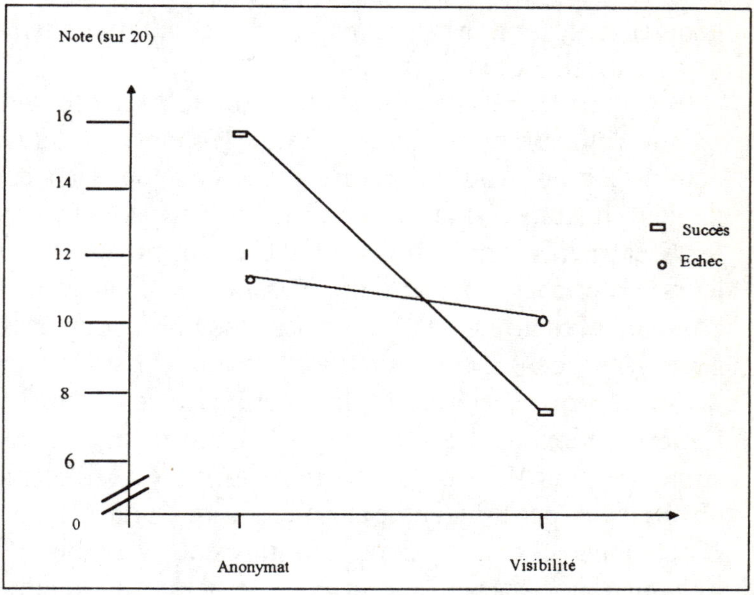

Globalement, les résultats de ces expériences montrent bien que la situation sociale dans laquelle on place les élèves modifie leurs performances scolaires. Le fait de s'attendre à être évalué publiquement semble produire des effets positifs sur les élèves en réussite et des effets négatifs sur les élèves en échec.

Notons, au passage, que des résultats semblables ont été obtenus dans différentes disciplines scolaires, bien que ces effets semblent se manifester davantage dans les disciplines les plus valorisées comme les mathématiques ou la biologie, et moins dans les disciplines comme l'éducation manuelle ou la technologie (voir Monteil, 1993). Monteil & Huguet (1991) ont d'ailleurs montré que dans le cadre d'un cours de dessin, bons et mauvais élèves ne se distinguent pas quant à la mémorisation d'une figure géométrique, alors que dans le cadre d'un cours de géométrie, les « bons » élèves ont des résultats nettement supérieurs aux « mauvais » élèves.

Pris dans leur ensemble, les travaux de J.M. Monteil et de ses collaborateurs suggèrent que les élèves, étiquetés comme « bons » ou « mauvais », ont développé au cours de leur histoire scolaire certaines croyances relatives à leurs capacités, une certaine image d'eux mêmes, et que leurs expériences passées de réussite ou d'échec et les conséquences affectives qui y sont associées, peuvent être réactivées dans une situation d'apprentissage pour favoriser ou détériorer la performance. Ainsi si l'interrogation publique, le regard d'autrui, peut être un stimulant pour l'élève qui espère réussir, c'est visiblement un élément perturbateur pour l'élève qui craint l'échec. C'est dans les conditions d'anonymat, l'angoisse de l'évaluation disparue, que ceux-ci semblent apprendre le mieux.

L'importance de l'image de soi n'est pas chose nouvelle en psychologie. Tant au niveau affectif que cognitif et comportemental les conséquences de l'identité et des représentations de soi sont nombreuses (voir Baumeister, 1995 ; Martinot, 1996 ; Piolat, 1997). Si la psychologie sociale souligne le rôle de l'identité et des motivations identitaires dans la détermination des comportements sociaux, elle insiste également sur les déterminants sociaux de l'identité. C'est en effet, au travers du regard d'autrui et des comparaisons entre soi et autrui que se construit et se négocie l'image de soi. On comprend alors l'importance des processus de comparaison sociale et de leurs conséquences psychologiques, tout particulièrement dans une institution évaluative comme l'école. Il est certainement utile d'analyser les comportements des élèves en tant que stratégies permettant d'atteindre et de préserver une image de soi acceptable, une identité positive. Des recherches suggèrent, par exemple, que la dévalorisation publique entraîne une recherche accrue d'approbation sociale, des comportements affiliatifs et une vulnérabilité à l'influence qui peuvent déboucher sur des comportements délinquants. Ainsi, Van Duuren et Di Giacomo (1996, 1997) ont montré que des étudiants qui ont été dévalorisés publiquement accepteront plus facilement la suggestion qui leur est faite de commettre un acte antisocial, en l'occurrence participer à un vol au détriment d'un camarade ou d'un enseignant.

On peut comprendre qu'un élève infériorisé désinvestisse la sphère scolaire et recherche d'autres dimensions de comparaison qui soient susceptibles de préserver une image positive de soi. N'est-il donc pas important de fournir à tous les élèves, dans le cadre scolaire, « des comparaisons dignes de garantir un soi psycho-socialement acceptable ? » (Monteil, 1989, p.108).

Cependant, notre propos n'est pas de discuter dans le détail les travaux relatifs à l'identité et la comparaison sociale et leur intérêt pour la psychologie scolaire, tant les recherches dans le domaine sont nombreuses.
Simplement, les travaux expérimentaux que nous avons présentés nous semblent caractéristiques du regard original qui est celui de la psychologie sociale, dont nous voulons suggérer tout l'intérêt pour la psychologie scolaire.

Le comportement, la personne et la situation

Comme nous l'avons vu, la situation sociale dans laquelle on place les élèves (avec ou sans comparaison, visible ou anonyme) modifie leurs performances, au point que dans certaines situations les différences entre élèves de niveau faible et fort n'apparaissent plus. La situation joue donc un rôle prépondérant et doit être prise en compte pour comprendre le comportement des élèves. Pour autant, nous l'avons vu, la situation n'explique pas tout puisque celle-ci peut avoir des effets forts différents selon les élèves. Les recherches que nous avons présentées montrent bien que le comportement scolaire résulte tout à la fois des caractéristiques propres aux élèves et des caractéristiques propres aux situations scolaires dans lesquelles ils sont placés. Selon la fameuse équation de K. Lewin (1951), l'un des pères fondateurs de la psychologie sociale, le comportement (C) résulte de l'interaction entre la personne (P) et la situation (S) : C=f(PxS) (voir figure 4).

Figure 4: adaptation schématique de la fonction Lewinienne du comportement

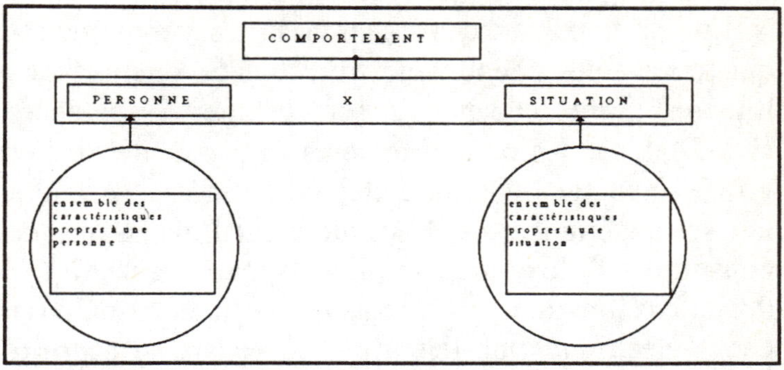

Dire des comportements qu'ils résultent à la fois des facteurs de personnalité et de l'influence des situations peut sembler évident ou trivial. Pourtant, les psychologues sociaux s'étonnent précisément qu'une telle évidence puisse échapper au sens commun. De nombreuses recherches montrent, en effet, que les gens ont tendance à négliger la situation (causalité externe) au profit de la personnalité (causalité interne) dans leur explication du comportement d'autrui (voir Beauvois, 1984 ; Dubois, 1994 ; Leyens, 1983 ; Yzerbyt et Schadron, 1997). A tel point que les chercheurs ont qualifié cette tendance « d'erreur fondamentale » (Ross, 1977). Par exemple, lors d'un jeu question-réponse, les « questionneurs » donnent l'impression d'en savoir plus que les « questionnés » bien que les observateurs sachent que les rôles aient été tirés au sort (Ross, Amabilé & Steinmetz, 1977). Les observateurs oublient que les « questionneurs » ont le « beau rôle » et qu'il est plus difficile de répondre aux questions que de les poser ! Ils négligent le fait que les comportements qu'ils observent reflètent les rôles qui sont joués plutôt que les qualités propres aux acteurs, la situation dans laquelle ils se trouvent plutôt que leur personnalité.

En fait, la plupart des recherches de psychologie sociale qui traitent des phénomènes d'influence pourrait servir à illustrer notre tendance à sous-estimer l'influence des situations sur les comportements et à commettre l'erreur « fondamentale ». Parmi celles-ci, ce sont sans doute, les fausses expériences de S. Milgram sur l'obéissance qui en constituent l'illustration la plus frappante. En effet, il est difficile d'imaginer qu'on puisse aller jusqu'à délivrer des chocs électriques mortels à un élève dans le cadre d'une étude sur l'effet des punitions sur l'apprentissage. Pourtant les recherches de Milgram (1974) démontrent que, sous la pression d'une autorité, on peut amener pratiquement n'importe qui à torturer de la sorte un inconnu ! Et si le lecteur, comme la plupart des gens, a l'impression que lui n'aurait pas obéi et qu'il constituerait l'exception à la règle, c'est précisément parce qu'il sous estime l'influence des situations sur son propre comportement. Ainsi non seulement victime de l'erreur fondamentale dans sa compréhension du comportement d'autrui (« seul un pervers, un sadique agirait de la sorte ! »), il est encore victime de l'erreur fondamentale dans la compréhension de son propre comportement (« moi, je n'aurais jamais accepté »).

L'erreur fondamentale a certainement un sens dans le cadre des pratiques sociales d'évaluation. En effet, dans la vie sociale, nous sommes bien plus des juges du comportement d'autrui que des scientifiques en quête de leurs déterminants objectifs. Or, pour juger, il est plus facile de dire de quelqu'un qu'il est essentiellement

« intelligent » ou « caractériel » que d'appréhender les déterminants complexes de son comportement. Dans le cadre scolaire, comme dans les institutions sociales qui pratiquent le jugement, l'évaluation et la sélection, on peut donc craindre que l'erreur fondamentale soit particulièremnt prégnante et que les déterminants situationnels des comportements soient particulièrement négligés par les évaluateurs.

Si, pour le sens commun, les conduites reflètent les qualités intrinsèques des personnes plutôt que l'influence des situations, dans le cadre scolaire, le sens commun conduira à considérer que le comportement des élèves reflète leurs qualités intrinsèques de « bons » ou de « mauvais » élèves tout en négligeant l'influence considérable des situations scolaires dans lesquelles les élèves sont placés. Cette tendance à penser que les conduites reflètent massivement des dispositions internes et stables n'est pas sans conséquences majeures.

Premièrement, les recherches montrent que les croyances qu'on entretient vis-à-vis de la personnalité d'autrui affectent les perceptions et les comportements ultérieurs de sorte qu'autrui se trouve enfermé dans nos attentes et que celles-ci se trouvent bien souvent confirmées. Les recherches de psychologie sociale suggèrent que « l'auto-réalisation des prophéties » (réalisation effective d'une attente pourtant erronée à propos d'autrui), bien souvent observée en laboratoire, est également à l'oeuvre dans le contexte scolaire. Ainsi, les élèves dont les enseignants s'attendent à ce qu'ils réussissent mieux, sur la base d'un test d'intelligence fictif, finissent par réussir effectivement mieux que les autres (Rosenthal & Jacobson, 1971). Les croyances des enseignants à propos des qualités de tel ou tel élève peuvent donc avoir des conséquences considérables pour ces derniers.

Deuxièmement, une focalisation de l'analyse psychologique sur les facteurs internes et stables de la personnalité tend à décourager les efforts d'intervention visant à modifier les comportements. Les psychologues cliniciens savent, en effet, combien il peut être long et coûteux de modifier les tendances profondes d'une personne alors que, dans certains cas, une modification minimale de l'environnement peut produire des effets majeurs sur le comportement. Si l'institution scolaire se veut une institution d'éducation et de (trans)formation, et pas seulement une institution d'évaluation et de sélection, il est important de poser le problème de la modification des comportements et donc de l'analyse objective de leurs déterminants. De manière évidente, une telle analyse exige de prendre en compte les deux termes de l'équation Lewinienne: C=f(PxS), de se préoccuper sérieusement des déterminants situationnels des comportements en fonction des personnes. Une telle approche va de pair avec une attitude d'engagement social, dans la tradition de la « recherche-action » chère à Lewin.

Si le psychologue scolaire veut être un véritable intervenant, impliqué dans les équipes pédagogiques pour contribuer à l'analyse et à la modification des comportements, la psychologie sociale peut avoir sa place dans les écoles. Nous pensons qu'elle offre un regard utile sur le comportement des élèves, susceptible de déboucher sur de nouveaux modes d'intervention.

Références bibliographiques

BAUMEISTER, (1995). Self. In S.R. MANSTEAD, M. HEWSTONE, S.T. FISKE, M. HOGG, H.T. REIS, G. SEMIN (Eds.) *The Blackwell Encyclopedia of Social Psychology (pp 496-501).* Oxford : Blackwell.

BEAUVOIS JL. (1984). *La psychologie quotidienne.* Paris: Presses Universitaires de France.

DUBOIS N. (1994). *La norme d'internalité et le libéralisme.* Grenoble: Presses Universitaires de Grenoble.

LEWIN K. (1951). *Field theory in social sciences.* New York: Harper.

LEYENS J.P. (1983). *Sommes-nous tous des psychologues?* Bruxelles : Mardaga.

MARTINOT D. (1995). *Le Soi.* Grenoble : Presses Universitaires de Grenoble.

MILGRAM S. (1974). *Soumission à l'autorité.* Paris : Calmann-Lévy

MONTEIL J.M. (1988). Comparaison sociale, stratégies individuelles et médiations socio-cognitives. Un effet de différenciation comportementale dans le champ scolaire. *European Journal of Psychology of Education, 3,* 3-19.

MONTEIL J.M. (1989). *Eduquer et Former : perspectives psycho-sociales.* Grenoble : Presses Universitaires de Grenoble.

MONTEIL J.M. (1991). Social regulations and individual cognitive functioning : effects of individuation on cognitive performances. *European Journal of Social Psychology,21,* 225-237.

MONTEIL J.M. (1993). *Soi et le contexte.* Paris : Armand Colin.

MONTEIL J.M. & HUGUET P. (1991). Insertion sociale, catégorisation sociale et activités cognitives. *Psychologie Française, 36,* 35-46.

PIOLAT, (1997). Soi. In H. BLOCH, E. DEPRET, A. GALLO, P. GARNIER, M.D. GINESTE, P. LECOMTE, J.P. Le NY, J. POSTEL, M. REUCHLIN & D. CASALIS (Eds.), *Dictionnaire Fondamental de la Psychologie (pp 1221-1226)* . Paris : Larousse.

ROSENTHAL & JACOBSON (1968). *Pygmalion in the classroom.* Holt, Rinehart and Winston, New York. Trad. Fr. (1971) Pygmalion à l'école. Paris: Casterman.

ROSS L. (1977). The intuitive psychologist and his shortcomings: Distorsions in the attribution process. In L. Berkowitz (Ed.). *Advances*

in Experimental Social Psychology, vol.10. New York: Academic Press.
ROSS L., AMABILE T.M. & STEINMETZ J.L. (1977). Social roles, social control, and biases in social perception processes. *Journal of Personality and Social Psychology, 35*, 485-494.
VAN DUUREN F. & DI GIACOMO J.P. (1996). Degrading situation and antisocial behavior : An experimental approach of delinquency. *European Journal of Social Psychology,* 26(5), 763-776.
VAN DUUREN F. & DI GIACOMO J.P. (1997). Degrading situation, affiliation and social dependency. *European Journal of Social Psychology,* 27(5), 495-510.
YZERBYT V. & SCHADRON G. (1996). *Connaître et juger autrui.* Grenoble : Presses Universitaires de Grenoble.

Apport de la Neuropsychologie Cognitive à la Pratique en Psychologie Scolaire

Sylviane VALDOIS *

Mon objectif sera ici de déterminer l'apport de la neuropsychologie cognitive à la pratique en psychologie scolaire. Je définirai tout d'abord ce qu'est la neuropsychologie cognitive. Je tenterai ensuite de montrer quelles sont les applications pratiques des recherches menées dans ce domaine sur le plan notamment de l'évaluation et de la prise en charge des troubles de l'apprentissage de la lecture et de l'orthographe. Deux principaux sous-types de dyslexies développementales seront brièvement décrits de façon à insister sur la variété des tableaux cliniques que peut revêtir ce trouble.

* *Chargée de recherche au CNRS*
Laboratoire de PsychologieExpérimentale (EP 617 CNRS)
Université P.Mendès France -Grenoble

QU'EST-CE QUE LA NEUROPSYCHOLOGIE COGNITIVE ?

La neuropsychologie cognitive est une discipline jeune qui a connu un essor important ces vingt dernières années. La plupart des articles qui se réclament de cette discipline se situent dans le domaine de la recherche. Ils sont le plus souvent écrits en langue anglaise et paraissent dans des revues spécialisées (comme « Cognitive Neuropsychology », « Neurocase », « Cortex » ou « Neuropsychologia »). A noter cependant que certaines revues françaises (dont notamment la « Revue de Neuropsychologie », « Approche Neuropsychologique des Apprentissages chez l'Enfant » (A.N.A.E) ou « l'Année Psychologique ») publient des articles de neuropsychologie cognitive en français, les rendant, de ce fait, plus accessibles aux cliniciens.

Les recherches menées en neuropsychologie cognitive se sont tout particulièrement intéressées aux activités de lecture et d'écriture dans le but de déterminer quels sont les connaissances et mécanismes cognitifs qui sous-tendent ces activités. Nous disposons ainsi de modèles qui proposent une description du système cognitif de lecture des sujets adultes bons lecteurs et peuvent donc être envisagés, dans une optique développementale, comme traduisant le but vers lequel va tendre le système lors de l'apprentissage. Les études conduites en neuropsychologie cognitive se sont initialement intéressées aux pathologies de la lecture observées chez des sujets adultes préalablement bons lecteurs et qui, suite à une atteinte du système nerveux central, présentent des troubles importants de la lecture. Ces recherches ont conduit à affiner nos hypothèses théoriques quant aux mécanismes de lecture et à mieux comprendre l'origine cognitive des troubles présentés par les patients. Elles ont également conduit à développer des outils d'évaluation fins qui ont été ultérieurement utilisés pour aborder les troubles d'apprentissage de la lecture et de l'orthographe que l'on rencontre chez l'enfant en l'absence de toute lésion cérébrale. Ces outils sont particulièrement performants pour mettre en évidence les mécanismes cognitifs qui ne se sont pas installés lors de l'apprentissage et définir les fonctions cognitives déficitaires chez un enfant donné. Clairement identifier la nature du (ou des) déficit(s) cognitifs que présente un enfant est un préalable nécessaire à sa prise en charge dans la mesure où il est largement établi qu'un même symptôme peut refléter des déficits cognitifs différents alors qu'inversement, différents symptômes peuvent relever d'un même déficit (de Partz, 1994). Autrement dit, poser un diagnostic de dyslexie ou de dysorthographie, par exemple, n'est en rien informatif quant à la nature du déficit cognitif que présente l'enfant évalué. L'évaluation du trouble d'apprentissage de la lecture d'un enfant donné lorsqu'elle est effectuée par référence à un modèle théorique poursuit trois objectifs :

- poser un diagnostic « fin » de dyslexie en précisant le sous-type de dyslexie que présente l'enfant,
- mettre en évidence quels sont les troubles cognitifs (problèmes de mémoire, langage, attention...) associés à ses difficultés de lecture,
- identifier l'origine cognitive de ses difficultés d'apprentissage en pointant parmi les troubles associés ceux dont on peut penser qu'ils entretiennent une relation causale avec les difficultés de lecture.

Une évaluation de ce type permet de définir l'objet de la rééducation et offre une justification théorique des méthodes qui pourront être utilisées dans le cadre d'une prise en charge spécifique, en orthophonie par exemple. Elle permet également de dresser un profil cognitif de l'enfant mettant en évidence à la fois ses difficultés et ses points forts. Ces informations peuvent être très utiles en contexte scolaire permettant d'envisager des aménagements scolaires pour ne pas pénaliser inutilement un enfant dyslexique dans l'ensemble des domaines d'apprentissage. Etant donné l'importance des hypothèses théoriques dans cette démarche évaluative, nous commencerons par l'exposé d'un modèle de lecture devenu aujourd'hui classique, le modèle double-voie.

UN MODELE DE LA LECTURE EXPERTE : LE MODELE DOUBLE-VOIE

Le modèle double-voie (voir Figure 1, page 51) constitue une représentation schématique des opérations cognitives mises en jeu lors de la lecture des mots. Ce modèle représente le système cognitif d'un sujet adulte parvenu à un niveau de lecture experte. Il postule l'existence de deux grands systèmes de lecture, un système lexical et un système phonologique, qui mettent en jeu des traitements différents et sont spécifiquement dédiés à certains types de mots.

Figure 1 : Représentation schématique du modèle double-voie

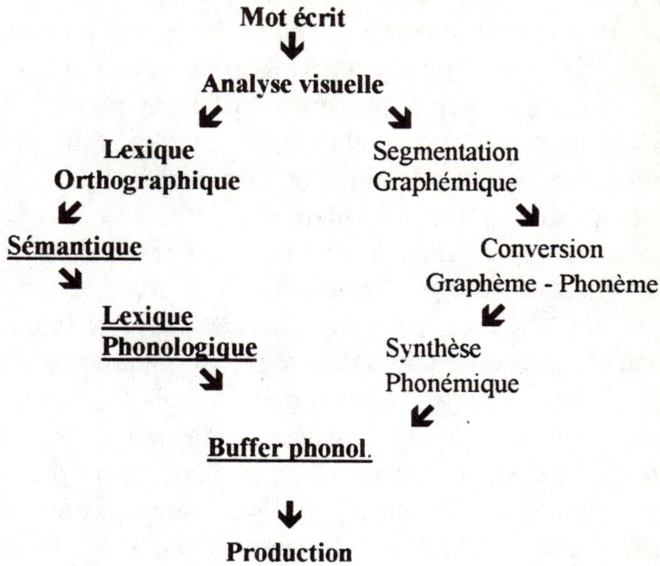

Le système de traitement lexical

Un premier système, symbolisé par la voie lexicale (en gras sur la figure), repose sur l'activation de connaissances préalablement mémorisées quant à la forme orthographique et phonologique des mots de notre langue. Ce système assure un traitement essentiellement global de la séquence orthographique que le sujet doit lire et repose sur la reconnaissance du mot préalablement à sa prononciation.

Plusieurs étapes de traitement caractérisent la lecture via la voie lexicale : le mot présenté visuellement fait d'abord l'objet d'une analyse visuelle. Le résultat de cette première étape de traitement permet d'activer les informations mémorisées dans le « lexique orthographique » (i.e., mémoire à long terme contenant des informations quant à la forme orthographique des mots). Si le mot est connu du sujet, celui-ci fait partie des informations lexicales mémorisées et sera donc activé (ex: « chapeau » activera en mémoire la forme orthographique abstraite « CHAPEAU »). Le mot est, dans ce cas, reconnu comme un objet familier. La reconnaissance visuelle du mot entraîne l'activation des informations sémantiques et phonologiques qui lui ont été associées lors de l'apprentissage. L'information relative à la forme phonologique globale du mot sera notamment activée (« CHAPEAU » active /Sapo/) au sein du lexique phonologique (mémoire à long terme contenant des informations quant à la forme sonore des mots). Cette information sera ensuite maintenue active au sein du « buffer » phonologique (mémoire de travail) jusqu'à la production.

Le système de traitement phonologique

Un second système, symbolisé par la voie phonologique, permet également de transcoder une séquence écrite en séquence parlée. Les procédures impliquées ici sont assez radicalement différentes de celles mises en jeu lors du traitement lexical. Ce système repose sur l'activation de connaissances générales quant aux relations entre unités orthographiques et phonologiques et implique un traitement analytique séquentiel de la séquence littérale.

Ce second système se caractérise, comme le précédent, par la mise en jeu de plusieurs opérations cognitives s'appliquant successivement : le mot écrit fait d'abord l'objet d'une analyse visuelle. Une procédure de segmentation intervient ensuite qui va scinder le mot en ses composants graphémiques (ex : « chapeau » -> « ch-a-p-eau »), le graphème étant défini comme une lettre ou un ensemble de lettres correspondant à un son unique (« ou », « eau », « gn », « ch », « oi », « ain », « m » sont des graphèmes du français). L'étape suivante, dite de conversion graphème-phonème, consiste à attribuer à chaque graphème le son ou phonème lui correspondant le plus souvent dans la langue (« ch » -> /S/ ; « a » -> /a/ ; « p » -> /p/ ; « eau » -> /o/) ; le résultat de cette conversion est ensuite synthétisé en une forme phonologique unifiée (/S/ ; /a/ ; /p/ ; /o/ -> /Sapo/) qui sera maintenue en mémoire à court terme (au sein du buffer phonologique) jusqu'à la production.

Le modèle postule donc l'existence de deux procédures de lecture assez radicalement différentes : une *procédure lexicale* qui associe à la forme écrite du mot sa phonologie globale et une *procédure phonologique* qui reconstruit la forme phonologique du mot sur la base de connaissances générales quant aux relations graphèmes-phonèmes. En fait, ces deux procédures ne sont pas aptes à traiter tous les types de mots, ce qui a conduit à faire une distinction entre mots réguliers et mots irréguliers. De plus, le système n'appréhendera pas de la même façon un mot familier (déjà rencontré et appris) et un mot nouveau ou un pseudo-mot (inventé pour les besoins de l'expérience).

Les mots réguliers et irréguliers

On voit dans l'exemple précédent que pour certains mots comme « chapeau », le même résultat phonologique (/Sapo/) est obtenu via les voies lexicale et phonologique. Cela n'est pas vrai pour tous les mots de la langue française mais seulement pour les *mots réguliers* (comme « chapeau », « cravate », « citron » ou « fenêtre »). Il n'en va pas de même si l'on présente un *mot irrégulier* (comme « femme », « monsieur », « chorale » ou « abbaye ») au système. Prenons l'exemple de « monsieur », si le mot est connu du sujet, ce dernier pourra activer globalement la forme phonologique correspondante via la voie lexicale, produisant ainsi /moesjoe/ tel qu'attendu. Que se passe-t-il si le mot est transcodé via la voie phonologique ? La segmentation graphémique du mot conduira probablement à la décomposition suivante : « m-on-s-i-eu-r ». Dans la mesure où « on » se prononce en général /ô/ et « r » /R/, la phonologie la plus probablement attribuée au mot après conversion sera /môsjoeR/. Donc, les deux voies ne sont pas entièrement redondantes et la procédure lexicale est seule apte à lire correctement les mots irréguliers. Cette particularité du système est utilisée en évaluation et l'on propose systématiquement aux enfants ayant des difficultés d'apprentissage de la lecture, des listes de mots réguliers et irréguliers afin de vérifier l'intégrité du système lexical ; si la lecture des mots irréguliers est préservée, on en conclura que la voie lexicale est opérante. Dans le cas contraire, il faudra supposer qu'elle ne s'est pas développée normalement.

Les mots familiers et les pseudo-mots

Le système lexical n'est cependant pas capable de lire toutes les séquences littérales qu'il est susceptible de rencontrer. En effet, il ne pourra produire la phonologie correcte d'un mot que si celui-ci a été préalablement appris et mémorisé. Or, il nous arrive tous les jours de lire des mots nouveaux que nous ne connaissions pas auparavant (en ouvrant le bottin par exemple, ou en consultant une carte de géographie). La procédure phonologique est alors seule capable de traiter ces mots nouveaux. Dans la mesure où on ne connaît pas a priori le vocabulaire écrit auquel un enfant a été confronté et qu'il est susceptible d'avoir appris, on utilise habituellement des mots inventés (appelés non-mots ou pseudo-mots comme « fligon », « carbatte », « coiture » ou « tarbin ») pour tester l'intégrité de la voie phonologique. Le pseudo-mot sera décomposé en graphèmes puis transcodé par conversion graphème-phonème. Une forme phonologique plausible lui sera attribuée par la procédure analytique alors que la procédure lexicale ne pourra dériver sa forme orale. On utilise systématiquement cette particularité du système en évaluation en proposant à l'enfant de lire des listes de mots et de pseudo-mots appariés (c'est-à-dire que les pseudo-mots présentent les mêmes caractéristiques de longueur et de complexité orthographique que les mots ; par exemple, « fégore » est créé à partir de « figure » ou « frotarnéti » à partir de « fraternité »). On avertit l'enfant lorsqu'on lui présente la liste de pseudo-mots qu'il s'agit de mots inventés et qu'il doit essayer de les lire de son mieux. Une performance basse sur cette liste témoigne d'un dysfonctionnement sur la voie phonologique alors qu'une bonne performance sera, au contraire, interprétée comme témoignant d'une voie phonologique efficiente.

PERSPECTIVE DEVELOPPEMENTALE

Relations langage oral/ langage écrit

Bien que le modèle présenté (Figure 1, page 51) décrive le système cognitif de lecture d'un sujet adulte bon lecteur, celui-ci nous apporte déjà certains éléments intéressants pour aborder l'apprentissage de la lecture. On peut notamment remarquer que certaines composantes postulées par le modèle (souligné sur la figure) ne sont, en fait, pas spécifiques à la lecture et pré-existent largement à son apprentissage. C'est le cas notamment du lexique phonologique qui est en fait une mémoire de la forme orale des mots qui se met en place lors de l'apprentissage du langage oral et est normalement largement développée avant même que l'enfant n'apprenne à lire. Lors de l'apprentissage du langage oral, l'enfant a mémorisé non seulement la forme phonologique d'une grande partie des mots de sa langue mais également le sens associé à ces mots. La composante sémantique du système est donc largement développée elle aussi, ainsi que les relations entre sémantique et lexique phonologique. C'est l'existence de ces systèmes qui permet à l'enfant de comprendre le sens des mots qu'il entend et de produire des énoncés eux-mêmes porteurs de sens. Une troisième composante, le buffer phonologique, est également largement impliquée dans la production orale de phrases ; cette mémoire de travail reçoit les informations successivement délivrées par le lexique phonologique et les maintient activées le temps de la programmation articulatoire.

Donc, ces trois composantes (le lexique phonologique, la sémantique et le buffer phonologique) interviennent dans la production et la compréhension du langage parlé et sont normalement bien installées avant même l'apprentissage de la lecture. Normalement, l'enfant maîtrise le langage oral à l'entrée au CP. Dans ce cas, apprendre à lire va consister à établir de nouvelles connaissances qui viendront se greffer sur les mécanismes déjà bien établis qui sous-tendent son langage oral. Cet enfant a de bonnes chances d'apprendre à lire normalement. Il n'en va pas de même lorsque des difficultés de langage sont encore présentes à l'entrée au CP. Selon le degré de sévérité du trouble, l'enfant se trouvera alors, au mieux, en situation de devoir établir les composantes spécifiques à la lecture tout en renforçant ou complétant ses aptitudes langagières ; au pire, le trouble du langage sera si important que les compétences en lecture ne pourront se mettre en place. L'existence de difficultés d'acquisition du langage oral se traduit donc, soit par un retard d'acquisition de la lecture, soit par une incapacité à apprendre à lire. Les cas les plus sévères allant jusqu'à l'alexie s'observent dans le contexte de dysphasies, troubles sévères d'apprentissage du langage oral (voir Gérard, 1991). Il est donc très important de détecter le plus tôt possible (en moyenne ou grande section de maternelle) les enfants qui présentent des troubles du langage afin qu'une prise en charge appropriée leur soit très rapidement proposée. Il ne faut pas pour autant en déduire qu'un enfant ayant des troubles du langage même sévères ne peut être admis en CP. En fait, certains enfants présentant des formes particulières de dysphasies bénéficient, au contraire, de l'accès au langage écrit. L'apprentissage de la lecture sera lent et difficile chez ces enfants mais l'introduction d'un autre code (celui de l'écrit) accessible en modalité visuelle les aide à structurer leurs connaissances sur la forme phonologique des mots et conduit ainsi à une amélioration progressive de leurs aptitudes langagières. Au contraire de ces cas, il existe des enfants qui ont une bonne aptitude langagière et n'ont à aucun moment éveillé l'attention en maternelle mais qui néanmoins présentent des difficultés majeures d'apprentissage de la lecture. Autrement dit, l'absence de trouble du langage préalablement à l'entrée au CP et le fait que l'enfant développe une bonne maîtrise du langage oral ne sont pas des arguments permettant de rejeter le diagnostic de dyslexie.

Lecture et compréhension

L'enfant a également développé des capacités d'analyse auditive (discrimination des sons) lors de l'apprentissage du langage oral. Il est de plus capable d'un certain niveau d'analyse syntaxique (au moins implicite) qui, combiné à ses compétences sémantiques, lui permet d'interpréter correctement les énoncés oraux et donc, de les comprendre. Les mécanismes de compréhension se sont donc largement mis en place lors de l'acquisition du langage oral. Les mêmes mécanismes cognitifs sous-tendent la compréhension des textes écrits et parlés. Toutes les études comparant les capacités de compréhension des enfants à l'oral et en lecture ont conclu à des niveaux de performance similaires lorsque le décodage est acquis. Autrement dit, un enfant qui décode bien un texte écrit mais le comprend mal est un enfant qui comprendra tout aussi mal le même texte énoncé à l'oral. Par contre, un enfant peut avoir une mauvaise compréhension du texte écrit et une bonne compréhension orale lorsqu'il décode mal le texte. Dans ce cas, les difficultés d'accès au sens sont secondaires aux problèmes de décodage. Les troubles de compréhension ne sont donc pas spécifiques à l'activité de lecture. Ce qui va caractériser l'acquisition de la lecture, c'est la mise en place d'un lexique orthographique et des opérations de conversion graphème-phonème.

Les étapes de l'acquisition

Des modèles développementaux ont été proposés qui supposent que l'enfant passe par un certain nombre d'étapes successives lors de l'apprentissage de la lecture. Ces étapes seraient caractérisées par l'adoption de stratégies différentes. On suppose en général (voir Frith, 1985 ; Valdois, 1994) que le pré-lecteur développe des capacités de traitement logographique qui vont lui permettre de reconnaître d'emblée un petit nombre de mots appris. A cette étape, le mot est traité comme un objet ou une image sans que l'enfant ne tienne compte des éléments (les lettres) qui le constituent. La stratégie consisterait alors à « voir et deviner ». L'étape suivante, dite alphabétique, se caractérise par une prise de conscience de la nature segmentale des mots écrits et parlés. L'enfant apprend à rechercher des unités à l'intérieur des mots écrits et à les associer aux unités correspondantes à l'oral. La relation entre forme écrite et parlée n'est plus arbitraire comme au stade précédent mais est déterminée par le code alphabétique. Cette étape est particulièrement productive car elle permet notamment à l'enfant de décoder des mots nouveaux grâce aux principes généraux qu'il a acquis. Cependant, sa lecture est analytique, donc lente et laborieuse. La dernière étape, dite orthographique, se caractérise par la prise en compte d'unités plus grandes, les morphèmes. Les mots déjà rencontrés sont alors le plus souvent reconnus d'emblée ce qui permet un accès direct au sens. La lecture devient fluente.

Ces modèles supposent donc que le système alphabétique (correspondant au traitement phonologique) se met le premier en place et que le système orthographique (correspondant au système lexical) est d'installation un peu plus tardive. Il est donc primordial que l'enfant acquiert des compétences analytiques et maîtrise la combinatoire dans un premier temps.

Interaction lecture/orthographe

Frith (1985) postule, dans son modèle à étapes, l'existence d'influences mutuelles entre lecture et écriture.

Comme le montre la Figure 2, page 61, on fait alors l'hypothèse que certains niveaux de traitement sont initialement acquis en lecture ou en écriture et qu'il y a transfert de compétence dans l'autre domaine.

Figure 2 : Modèle développemental de Frith (1985)

LECTURE		ECRITURE
Logographique 1		(*symbolique)*
Logographique 2		Logographique 2
Logographique 3		Alphabétique 1
Alphabétique 2	<————————	Alphabétique 2
Orthographique 1		Alphabétique 3
Orthographique 2	————————>	Orthographique 1

Ainsi, le stade alphabétique se développerait initialement grâce à la pratique de l'écrit qui stimulerait son installation en lecture. Inversement, le stade orthographique serait initialement acquis en lecture et ne se développerait qu'ultérieurement à l'écrit. Le modèle attache donc une grande importance aux interactions lecture/orthographe. Les données pathologiques confirment l'existence de liens étroits entre ces deux activités qui sont souvent simultanément perturbées chez les enfants dyslexiques, d'où l'appellation dyslexie-dysorthographie. En terme d'apprentissage, ces interactions suggèrent de travailler en parallèle lecture et écriture. Au niveau de la prise en charge des enfants en difficulté, l'on pourrait envisager de stimuler la mise en place en lecture, des mécanismes alphabétiques par le biais de l'écrit ; inversement, l'installation des procédures orthographiques à l'écrit devrait bénéficier du développement de cette aptitude en lecture.

LES ENFANTS EN DIFFICULTE D'APPRENTISSAGE DE LA LECTURE

De multiples raisons peuvent conduire un enfant à rencontrer des difficultés d'apprentissage de la lecture et toutes ne pourront être abordées ici. Selon l'origine de leurs difficultés, ces enfants demandent une aide appropriée plus ou moins spécifique.

Un certain nombre d'enfants, sans doute majoritaires dans les classes et plus encore dans celles fréquentées par des enfants de milieux socio-culturels défavorisés, présentent un *retard simple* d'apprentissage. Ces enfants n'ont pas de troubles cognitifs en ce sens qu'ils sont en mesure de développer l'ensemble des compétences cognitives nécessaires à la lecture. La cause de leurs difficultés est alors à rechercher dans des facteurs environnementaux : faible motivation, problèmes affectifs, faible exposition aux mots écrits ou parlés, connaissances générales sur le monde limitées, absentéisme important.... Ces enfants nécessitent un soutien important, mais non spécifique, basé sur l'explicitation des notions et des consignes, l'extension du vocabulaire et des connaissances générales, la répétition des exercices.

Pour d'autres enfants, l'origine des difficultés de lecture est de nature cognitive. Le trouble de la lecture peut alors s'inscrire dans le cadre d'une altération plus générale, comme un retard mental, qui a des retentissements sur la plupart des apprentissages et ne perturbe donc pas la lecture, en particulier. Une prise en charge spécifique est alors nécessaire et doit être engagée le plus tôt possible.

Dans certains autres cas, le trouble cognitif est très spécifique et ne touche que le système de lecture chez un enfant qui présente un bon niveau général et peut même avoir d'excellentes performances dans d'autres domaines d'apprentissage. C'est dans ce cas que l'on parle de *dyslexie*. Un enfant dyslexique doit bénéficier le plus rapidement possible d'une prise en charge spécifique en orthophonie et d'une action concertée des différents intervenants scolaires (enseignants, psychologue scolaire, réseau d'aide) dans le but de l'aider au mieux dans ses apprentissages et proposer des aménagements scolaires qui tiennent compte de ses difficultés.

Les dyslexies développementales: définition et diagnostic

La dyslexie est classiquement définie comme un trouble durable et persistant de l'apprentissage de la lecture qui se manifeste chez des enfants ayant une efficience intellectuelle normale, ne présentant aucun trouble de la perception auditive ou visuelle et ayant suivi une scolarisation adéquate. Les résultats de l'enfant à des tâches nécessitant une activité de lecture sont significativement inférieurs à ceux que laisseraient présager ses capacités intellectuelles. On considère en général que, pour un enfant dont l'âge se situe entre 8 et 12 ans, un décalage de 18 mois dans la capacité à lire est significatif. Le niveau de lecture est alors estimé par le biais de tests de lecture permettant de déterminer "l'âge de lecture de l'enfant" et de le comparer à son âge réel. Il est cependant primordial de diagnostiquer très tôt la dyslexie et dans une optique de prévention le critère de 18 mois d'écart entre l'âge réel et l'âge de lecture ne doit pas être retenu. Il convient d'identifier le plus tôt possible les enfants « à risque » et ceci peut être fait dès le début du CP ou même en grande section de maternelle. On se basera alors sur la présence d'un certain nombre d'indices comportementaux (trouble du langage, difficultés d'orientation temporo-spatiale, trouble de la latéralité, trouble du rythme, trouble du graphisme, problème de coordination visuo-motrice...) et de facteurs familiaux (présence de dyslexie, dysorthographie ou trouble du langage chez d'autres membres de la famille). Il est primordial de signaler très tôt les enfants à risque, non seulement au corps enseignant qui pourra adapter ses exigences en fonction des difficultés de l'enfant et lui apporter un soutien complémentaire, mais également à la famille, pour qu'une prise en charge spécifique s'engage hors du cadre scolaire (en complémentarité de ce qui sera fait à l'école), et pour que les parents ne culpabilisent et ne dévalorisent pas systématiquement leur enfant en attribuant ses difficultés à de la mauvaise volonté de sa part.

Dyslexies et troubles psychologiques

On ne parle pas de dyslexie lorsque le trouble de lecture s'observe dans le cadre de troubles psychologiques ou psychiatriques graves. En effet, dans ce cas, les difficultés d'apprentissage sont générales et non spécifiques à l'activité de lecture. Par contre, il n'est pas rare que des enfants dyslexiques présentent des troubles psychologiques associés ou que leurs difficultés s'inscrivent dans un contexte psychologique fragile. Nous ne disposons aujourd'hui d'aucun élément permettant de penser qu'un trouble psychologique puisse conduire à un trouble spécifique d'apprentissage de la lecture. La cause des difficultés d'apprentissage de l'enfant ne peut donc être recherchée dans son état psychologique. Le plus souvent les troubles psychologiques observés semblent, au contraire, être la conséquence des difficultés d'apprentissage que rencontre l'enfant. Dans bien des cas, une prise en charge psychologique est à recommander mais elle ne doit pas se substituer à une prise en charge spécifique des difficultés cognitives de l'enfant.

EVALUATION COGNITIVE DES DYSLEXIES DEVELOPPEMENTALES

L'évaluation cognitive d'un enfant dyslexique consiste à lui proposer tout un ensemble d'épreuves permettant d'évaluer l'efficience de chacune des composantes de son système de lecture. Cette évaluation doit aboutir à dresser son profil cognitif c'est à dire à préciser quels sont les mécanismes cognitifs qui se sont développés normalement, ceux qui ne sont qu'insuffisamment installés ou qui ne sont pas du tout fonctionnels. Cette première étape de l'évaluation est donc centrée sur les processus de lecture. L'étape suivante consiste à évaluer les fonctions autres que la lecture dont on sait qu'elles entretiennent des relations avec celle-ci et participent à son installation. On évaluera ainsi les capacités de langage oral et de production écrite de l'enfant ainsi que ses aptitudes mnésiques ou attentionnelles. Des examens spécifiques permettant de tester les capacités d'analyse visuelle et auditive fines seront également proposés.

Cette méthode appliquée aux troubles spécifiques d'apprentissage de la lecture a conduit à identifier différents sous-types de dyslexies développementales caractérisés par des profils bien différenciés et associés à des troubles cognitifs particuliers. Les deux formes de dyslexies de l'enfant les plus connues aujourd'hui sont les dyslexies phonologique et de surface.

La dyslexie phonologique

La dyslexie phonologique, telle qu'elle a été décrite chez des enfants de 10 ans et plus, se manifeste par une difficulté particulière à lire les mots nouveaux (ou inventés comme les pseudo-mots) alors que la lecture des mots connus est nettement meilleure voire totalement normale. En fait, la lecture de ces enfants repose essentiellement sur leur capacité à reconnaître les mots dans le cadre d'un traitement lexical. Face à un mot nouveau, ils ont souvent tendance à produire un mot connu qui ressemble au mot qu'on leur propose de lire : ils pourront par exemple lire « maison » lorsque leur est présenté le mot « saison » pour la première fois ou le pseudo-mot « caison ». Les erreurs de ce type sont appelées des lexicalisations. Avec le temps, ces enfants peuvent parvenir à acquérir certaines correspondances graphèmes-phonèmes (voire toutes) mais la lecture de mots nouveaux reste très difficile, se caractérisant par un décodage lent et laborieux et la production d'erreurs phonémiques souvent nombreuses.

> Jonathan, par exemple, a encore à 18 ans d'énormes difficultés à déchiffrer des pseudo-mots qu'on lui demande de lire. Il ne lit correctement que 40% des pseudo-mots alors que 80% des mots réels sont lus sans erreur. La lecture de pseudo-mots est effectuée en mettant cinq fois plus de temps que d'autres adolescents du même âge. Il produit des lexicalisations : « drouve » est lu « trouver », « rasque » est lu « remarque », « boinde » est lu « blonde ».

D'autres erreurs se caractérisent par des omissions, substitutions, inversions ou additions de phonèmes ; ainsi, « toinpare » est lu « pointare », « comoride » est lu « comaride », « scropale » et « asdion » sont lus « scorbale » et « adion ».

Les difficultés de lecture caractéristiques des dyslexies phonologiques se manifestent souvent dans le cadre de difficultés de production orale : ces enfants ont en général présenté des troubles préalables du langage oral et leur niveau de vocabulaire est souvent limité. Ils ont souvent des difficultés à répéter des mots, et surtout des pseudo-mots, longs et complexes (incluant des groupes consonantiques). On observe parfois chez eux à l'oral des difficultés à discriminer des mots phonologiquement proches tels que « vidange et vendange » ou « flacon et flocon » par exemple. Leurs capacités d'évocation lexicale, c'est-à-dire leur capacité à énoncer le plus possible de mots d'une catégorie donnée en un temps limité, sont également souvent limitées.

Jonathan ne répète correctement que 78% des pseudo-mots énoncés (versus 98% de mots de même structure) ; la plupart de ses erreurs portent sur les items de 3 ou 4 syllabes qui incluent des groupes consonantiques. Ainsi, « sartoféca » est répété « sartroféta », « daxtorati » et « frotarnéti » sont produits « dascorati » et « corna/fanéti » puis « frotanéti » suite à une deuxième écoute. En évocation lexicale, il produit 30 noms d'animaux en 2 minutes mais peut seulement évoquer 10 mots commençant par /s/ dans le même temps.

On observe, en outre, dans cette tâche des déformations de mots « secoupe » pour « soucoupe » et « sepoudrer » pour « saupoudrer » et la production d'un mot en « s' » (s'élever).

Il est aujourd'hui largement établi que ces enfants rencontrent des difficultés majeures lorsqu'on leur demande d'effectuer des exercices qui réclament de manipuler les sons qui composent les mots (Gombert, 1991 ; Morais, 1994). Ils peuvent avoir du mal à inverser les syllabes d'un mot (/Radi/ « radis » donne /diRa/ « dira ») ou encore à omettre le premier son d'un mot et produire le reste (« placard ou chiffon » sont présentés oralement et l'enfant doit produire « /lakaR/ ou /ifô/ » en réponse).

Jonathan a beaucoup de mal à omettre le premier son d'un mot ; malgré des explications répétées et plusieurs corrections, il a tendance à omettre la première syllabe au complet (« courage » -> /Raz/ au lieu de /uRaz/; « virgule » -> /gyl/ au lieu de /iRgyl/) ou l'ensemble du groupe consonantique initial (« planche » -> /âS/ au lieu de /lâS/ et « grappe » devient /ap/ et non /Rap/).

Comme en lecture, ces enfants ont beaucoup de mal à donner une orthographe plausible des pseudo-mots qui leur sont dictés. En dictée de mots, les erreurs peuvent ne pas correspondre à la forme phonétique entendue (marchandise -> marchantisse ; séchoir -> chaichoi ; l'armoire -> la mroire). Les erreurs de segmentation se rencontrent souvent à l'écrit dans les formes les plus graves ou chez les enfants plus jeunes : « j'admire, il a tiré, l'herbe, légume » étant écrit « jamire, iatiré, lerbe, les gune ». Par ailleurs, l'orthographe d'usage est peu à peu intégrée par ces enfants, qui lorsqu'ils sont plus grands, peuvent écrire correctement les mots alors qu'ils restent en difficulté lorsqu'on leur demande d'écrire des pseudo-mots.

> Jonathan n'écrit correctement que 65% des non-mots qui lui sont dictés : « gordone » est transcrit « corrdone », « guérape » -> « géraple » et « dontale » -> « tontale ». Sa dictée de mots n'est pas parfaite mais bien meilleure puisque 85% des mots dictés sont correctement orthographiés.

Le trouble cognitif à l'origine des dyslexies phonologiques semble donc davantage résider dans l'établissement du système phonologique de lecture et est à mettre en relation avec l'incapacité de ces enfants à prendre conscience de la nature segmentale des mots et à manipuler volontairement les sons de la langue. Le plus souvent ce déficit est associé à un trouble de la mémoire à court terme qui peut être mis en évidence par le biais d'une épreuve simple d'empan de chiffres. Chez les enfants jeunes, le trouble est souvent massif et a des conséquences néfastes sur le développement de l'ensemble du système de lecture. La plupart des mots que rencontre l'enfant en début d'apprentissage sont des mots nouveaux, celui-ci est dès lors dans l'incapacité quasi totale de rentrer dans la lecture. Même si le trouble demeure à dominante phonologique, l'enfant ne lisant que peu ou pas, est très peu exposé aux mots et ne développe pas les connaissances lexicales nécessaires. Son déficit semble alors souvent mixte dans un premier temps (touchant à la fois le système lexical et le système phonologique) mais se révélera spécifique au traitement phonologique avec le temps.

La dyslexie de surface

Les performances des enfants qui présentent une dyslexie de surface se caractérisent par un trouble sélectif de la lecture des mots irréguliers (chorale, monsieur, sept, tabac, femme, dix...) dû à l'application systématique de règles de transcodage graphème-phonème. Le mot est alors produit de façon régulière (/SoRal/, /môsjoeR/, /sèpt/, /tabak/, /fèm/, /diks/ respectivement). La lecture des mots réguliers est par contre préservée, et ces enfants sont tout à fait capables de lire des mots nouveaux. Cette forme de dyslexie peut difficilement être identifiée chez des enfants très jeunes dans la mesure où les mots qui sont irréguliers en lecture sont peu nombreux dans la langue en général et peu représentés dans les livres de lecture de CP, d'autant que beaucoup de ces mots sont peu fréquents. Leurs performances vont donc s'apparenter à celles des enfants normolecteurs débutants. Néanmoins, si comme on le pense aujourd'hui, la difficulté à lire les mots irréguliers traduit une incapacité à reconnaître globalement les mots alors on doit s'attendre à ce que ces enfants lisent les mots existants comme s'il s'agissait de mots nouveaux. On reconnaît donc souvent ces enfants à cause de leur lenteur à décoder des mots qui sont pourtant largement représentés dans leur livre de lecture et que les autres élèves produisent avec beaucoup plus de spontanéité.

Eric, âgé de 10;9 ans, est scolarisé en CM2 et a de grosses difficultés en français et notamment en dictée. Il lit correctement 80% des mots réguliers et 89% des non-mots qui lui sont présentés mais seulement 48% des mots irréguliers. Les erreurs produites sur les mots réguliers et les non-mots sont essentiellement de nature visuelle (lame -> larme ; mine -> minute ; loin -> lion ; dirc -> birc). Des erreurs visuelles sont également obtenues en lecture de mots irréguliers mais les erreurs portant sur ces mots sont majoritairement des régularisations (second -> sekon ; dolmen -> dolman ; fusil -> fusile).

Les enfants qui présentent ce type de dyslexie semblent, par ailleurs, ne pas avoir eu de problème d'acquisition du langage oral et n'ont pas de mal à réaliser les tâches métaphonologiques.

Eric répète sans erreur tous les mots et les pseudo-mots qui lui sont proposés même longs et incluant des groupes consonantiques. Il a de bonnes performances en dénomination d'image et un niveau de fluence verbale qui équivaut à celui de jeunes adultes quand on lui demande d'énoncer le plus possible de noms d'animaux et de mots en /p/ en 2 minutes. Il réussit également parfaitement dans les tâches métaphonologiques qu'il s'agisse d'épreuves de jugement de rimes (est-ce que « fantôme et royaume » ou « terre et guerre » riment ?), d'omission du premier son (planche -> lanche), de catégorisation de sons (trouver l'intrus parmi « vent-temps-rond-banc ») ou de segmentation phonémique (énoncer tous les sons qui composent le mot « fontaine »).

Ils présentent, par contre, un trouble sévère d'acquisition de l'orthographe d'usage dans la mesure où le français est une langue extrêmement irrégulière à l'écrit. Leurs productions écrites correspondent alors en général à la forme phonétique du mot mais n'en respectent pas l'orthographe (« janti, aricau, méson, eufe, pissine » écrits pour « gentil, haricot, maison, oeuf ou piscine » ; voir Martinet & Valdois, sous presse). Une fois encore, ce type de productions écrites est fréquemment observé lors du développement normal en tout début d'apprentissage si bien que ce n'est souvent qu'au CE2 voire même plus tard que cette incapacité à acquérir l'orthographe d'usage est signalée.

Eric a de grosses difficultés en orthographe d'usage, il écrit phonétiquement. Une épreuve de dictée de mots de complexité orthographique variable montre que ses performances sont d'autant plus basse que le mot est plus complexe : il orthographie correctement 91% des mots les plus simples (soucoupe, tribune, moto), mais seulement 45% des mots de complexité moyenne (dentiste, terre, relation) et 45% des mots très complexes (clown, femme, agenda). Le mot écrit se prononce toujours comme le mot énoncé (aginda, dantist, famme, cloune).

Les troubles caractéristiques de la dyslexie de surface semblent donc témoigner d'un système lexical défaillant, l'ensemble des activités de lecture et d'orthographe étant prises en charge par le système phonologique. Il a été largement démontré que ces enfants ne parviennent pas à se constituer un lexique orthographique où seraient stockées en mémoire à long terme les représentations orthographiques mémorisées des mots précédemment rencontrés. L'origine du non développement de ce lexique est aujourd'hui mal connue mais un certain nombre d'enfants ayant une dyslexie de surface présentent un trouble visuo-attentionnel qui pourrait être responsable de leurs difficultés d'apprentissage.

Les formes mixtes et les autres formes de dyslexies

Les formes de dyslexies phonologique et de surface qui ont été décrites jusqu'à présent correspondent à des formes pures relativement rares dans la population des enfants dyslexiques et notamment chez les plus jeunes enfants. En fait, la plupart des enfants ayant des difficultés spécifiques d'apprentissage de la lecture présentent, lorsqu'ils sont jeunes, des formes sévères suggérant une atteinte tant du système lexical que du système phonologique. Il est vraisemblable que des formes où les deux atteintes sont simultanément présentes doivent exister. Néanmoins, bien souvent, même dans les cas sévères se manifestant chez des enfants jeunes, on peut mettre en évidence soit un trouble à dominante phonologique soit un trouble à dominante visuelle. Il existe par ailleurs des formes encore différentes de dyslexies développementales dont je ne parlerai pas ici parce qu'elles sont relativement peu fréquentes. Il est donc important de ne pas avoir une idée trop stéréotypée de ce qu'est la dyslexie et des manifestations qui la caractérisent. On a pensé pendant longtemps qu'un enfant dyslexique faisait essentiellement des erreurs d'inversions et des confusions sourde/sonore (garage -> carage ; valise -> falise ; girafe -> chirafe) et qu'on ne pouvait pas parler de dyslexie en l'absence de ces erreurs. On sait aujourd'hui qu'il n'en est rien : certains enfants dyslexiques produisent ce type d'erreurs, d'autres pas. En fait, l'hétérogénéité est forte parmi les enfants dyslexiques et il est vraisemblable que nous n'ayons pas encore identifié et encore moins compris toutes les formes que peut revêtir ce trouble.

Evaluation et Prise en charge des enfants dyslexiques

Il est tout à fait primordial que l'examen psychologique d'un enfant en difficulté d'apprentissage de la lecture inclut des épreuves cognitives spécifiques. Un bilan minimum doit nécessairement comporter une épreuve de lecture de mots réguliers et de mots irréguliers et une épreuve de lecture de pseudo-mots dans le but d'estimer l'efficacité de chacun des deux grands systèmes de lecture chez un enfant donné. Il est en outre, nécessaire d'inclure des épreuves métaphonologiques de façon à déterminer si l'enfant a pris conscience de la nature segmentale des mots parlés. Ces épreuves peuvent être proposées à des enfants même très jeunes (à partir de la grande section de maternelle) et permettent ainsi d'identifier les enfants qui risquent de rencontrer des difficultés à l'entrée au CP. Du matériel pédagogique permettant à la fois l'évaluation du niveau métaphonologique des enfants de GSM et de CP et proposant du matériel d'entraînement pour une aide spécifique dans le cadre scolaire est actuellement disponible (Jacquier Roux & Zorman, 1998). La passation d'une simple épreuve d'empan de chiffres permet également d'identifier les gros troubles de maintien en mémoire de l'information verbale et peut être complétée d'une épreuve d'empan de mots ou de phrases. Ces premiers examens permettront de mettre en évidence les enfants qui présentent une dyslexie phonologique, c'est-à-dire chez qui les difficultés de lecture portent essentiellement sur les pseudo-mots et s'accompagnent de difficultés de traitement métaphonologique et d'un empan de chiffres souvent limité. Des difficultés manifestes en lecture de mots irréguliers en l'absence de problème métaphonologique et de trouble de la mémoire évoquera plutôt une dyslexie de surface. La présence de troubles visuo-attentionnels est quelquefois difficile à objectiver chez ces enfants à travers un examen clinique classique mais il peut se traduire par des difficultés de repérage visuel qui peuvent être mise en évidence dans des épreuves de recherche de cibles parmi des distracteurs (test de barrage de signes de Zazzo, test des cloches). Il est également important d'estimer le niveau d'efficience intellectuelle des enfants qui présentent un trouble de l'apprentissage comme indice permettant le diagnostic différentiel entre un trouble global du développement et une atteinte cognitive spécifique.

La mise en évidence des troubles cognitifs associés aux dyslexies développementales et une caractérisation précise de ces dyslexies permettent de mieux comprendre les difficultés que rencontre l'enfant au quotidien. Un enfant qui a un trouble de la mémoire à court terme et des difficultés de langage par exemple, est un enfant qui a du mal à intégrer les explications de l'enseignant. Il peut donc sembler ne pas s'intéresser à la classe ou être incapable de se concentrer longtemps sur une activité. Il n'en est rien. En fait, l'effort cognitif qu'il doit faire pour suivre ce qui se fait en classe est tellement coûteux qu'il ne peut maintenir longtemps un tel degré de contrôle. La mise en évidence de troubles cognitifs importants doit conduire les enseignants à proposer des aménagements scolaires pour ces enfants en difficulté de sorte qu'ils ne soient pas mis systématiquement en échec dans toutes les matières. Tous les enfants dyslexiques sont extrêmement lents. Copier un texte écrit au tableau peut déjà représenter quelque chose de difficile et ce, même à un âge avancé ; des mots peuvent être omis ou même des phrases entières ; certains éléments peuvent être inversés ; le texte ne sera probablement pas écrit jusqu'au bout. Cet enfant se trouve donc dans l'impossibilité d'apprendre sa leçon pour le lendemain alors qu'il serait tout à fait capable de le faire si le texte lui était donné par écrit. Les devoirs à la maison sont également une épreuve pour la plupart de ces enfants qui passent des heures à apprendre les leçons et faire leurs devoirs alors que les autres enfants s'acquittent de cette tâche en un temps beaucoup plus raisonnable. Le plus dur à accepter pour eux est que leurs efforts ne sont absolument pas récompensés et que malgré un énorme travail à la maison, ils n'obtiendront qu'une note médiocre et souvent les réprimandes de l'enseignant qui ne peut admettre qu'ils aient réellement fait l'effort nécessaire. Le psychologue scolaire a certainement un rôle de médiateur à jouer, pour expliquer aux enseignants les difficultés que rencontrent ces enfants, en quoi elles vont retentir sur l'ensemble de leur vie scolaire et comment ils peuvent les aider. Ils doivent également expliquer aux familles les difficultés de leurs enfants afin que l'enfant se sente soutenu et non accablé par l'incompréhension de son entourage. Ils peuvent également expliquer aux familles comment aider leurs enfants à faire leurs devoirs (lecture de la leçon par un parent, explicitation et répétition des mots nouveaux ou difficiles, enregistrement de la poésie pour qu'elle puise être réécoutée plusieurs fois par l'enfant....) et les diriger vers les professionnels compétents pour un bilan plus complet et/ou une prise en charge spécifique.

CONCLUSION

S'engager dans la démarche cognitive permet au clinicien de mieux cerner l'origine cognitive des difficultés de lecture ou d'orthographe que présente un enfant. Cette démarche rigoureuse et systématique guidée par un modèle théorique de la lecture permet de dresser le profil cognitif de chaque enfant et de mettre en évidence les déficits cognitifs associés qu'il présente. La mise en évidence de difficultés spécifiques devrait conduire le milieu scolaire à proposer des aménagements adaptés à chaque type de difficultés. Le psychologue scolaire a un rôle important à jouer non seulement sur le plan du diagnostic précoce mais aussi dans l'explicitation des troubles que présente l'enfant, tant auprès des enseignants que vis-à-vis de la famille.

Références bibliographiques

DE PARTZ M.P. (1994). Rééducation et revalidation fonctionnelle. In X. Seron & M. Jeannerod (Eds). *Neuropsychologie Humaine*. Liège : Editions Mardaga.

FRITH U. (1985). Beneath the surface of developmental dyslexia. In K Patterson, J-C. Marshall & M. Coltheart (Eds), *Surface dyslexia . Neuropsychological and cognitive studies of phonological reading*. Hillsdale : Lawrence Erlbaum. 301-330.

GERARD C.L. (1991). L'enfant dysphasique. Paris : Editions Universitaires.

GOMBERT J.E. (1990). Le développement métalinguistique. Paris : PUF.

JACQUIER ROUX M. & ZORMAN M. (1998). Entraînement phonologique : pré-lecteurs et lecteurs. Grenoble : Editions la Cigale.

MARTINET C. & VALDOIS S. (sous presse). L'apprentissage de l'orthographe et ses troubles dans la dyslexie développementale de surface. *L'Année Psychologique*.

MORAIS J. (1994). L'art de lire. Paris : Editions Odile Jacob.

VALDOIS S. (1994). Les grandes étapes de l'apprentissage de la lecture. In A. Van Hout & F. Estienne (Eds). Les dyslexies (pp. 37-48). Paris : Masson.

Pour en savoir plus

LECOCQ P. (1991). Apprentissage de la lecture et dyslexie. Liège : Mardaga.

CARBONNEL S., GILLET P., MARTORY M.D. & VALDOIS S. (1996). *Approche cognitive des troubles de la lecture et de l'écriture chez l'enfant et l'adulte*. Marseille : Editions SOLAL.

SERON X. (1996). *La neuropsychologie cognitive*. Paris : PUF, collection « Que sais-je ? ».

SERON X. & JEANNEROD M. (1994). *Neuropsychologie Humaine*. Liège : Editions Mardaga.

VALDOIS S. (1993). Evaluation neuropsychologique des troubles de l'apprentissage de la lecture, *Rééducation Orthophonique*, 31, 173, 33-45.

VALDOIS S. (sous presse). Les pathologies développementales de l'écrit. In M. Kail & M. Fayol (Eds). *Acquisition du langage*. Paris : PUF.

Méthodologie de l'entretien systémique en milieu scolaire

Yveline REY *

"L'approche systémique propose une réelle révolution conceptuelle (révolution signifie au sens éthymologique retournement) où la recherche des compétences remplace la correction des erreurs, où la circulation de l'information est privilégiée aux dépens de la production de l'aveu, où le processus et la relation sont plus importants que les contenus."
G. AUSLOOS (1997)

En guise d'introduction à ce thème de la méthodologie de l'entretien systémique en milieu scolaire il me paraît intéressant de retenir quelques termes de cette citation de Guy Ausloos et de les explorer avec un double objectif :

- celui de construire un langage commun (common knowledge) qui facilite la compréhension et les échanges,
- celui d'ouvrir un passage de la théorie à la pratique.

* *Maître de Conférence à l'Université de Savoie*
Thérapeute Systémique, Responsable du Centre d'Etudes et de Recherches sur l'Approche Systémique de Grenoble

LE LANGAGE COMMUN ET LA CULTURE DE REFERENCE

Toute révolution conceptuelle induit un changement de regard. Cependant le paradigme systémique n'offre pas simplement de nouvelles lunettes qui favorisent l'élargissement du champ d'observation, il s'agit aussi de passer de l'instantané de la photographie à une caméra qui explore l'environnement dynamique où se produit l'événement problème, tout en sachant que la façon de diriger la caméra fera partie intégrante de la problématique. C'est dire que la dimension éco-systémique met l'accent sur le contexte comme matrice du signifié et que l'observateur fait partie du contexte.

En termes plus concrets et pour en revenir au milieu scolaire, cela signifie que toute difficulté signalée au psychologue sera posée en termes d'interactions dynamiques au sein d'un ou de plusieurs sous-systèmes interdépendants (l'école, la classe, la famille, les services médico-sociaux etc...) considérés comme des ensembles auto-organisés.

Rechercher les compétences plutôt que de souligner les erreurs, c'est renoncer à isoler un comportement en le qualifiant de bon ou de mauvais, d'échec ou de réussite pour le resituer dans la circularité des processus relationnels. C'est relativiser la question des dysfonctions en interrogeant davantage la fonctionnalité, par exemple en évaluant à quoi sert cet échec, ce comportement agressif ou passif dans le jeu interactionnel des sous-systèmes concernés et quel est son sens par rapport à l'idéologie ambiante. Enfin comme le remarque par ailleurs G. Ausloos (1995), c'est abandonner les rives du modèle judéo-chrétien de la faute, de la culpabilité et de l'aveu pour aborder sur les berges des modèles de la complexité dominés par la notion de responsabilité au sens anglo-saxon du terme : "response-ability" qui peut se traduire par "capacité à répondre". En résumé il s'agit de passer de l'imprécation à la mobilisation.

Favoriser la circulation de l'information consiste à réintroduire de la différence qui fasse différence, comme disait G. Bateson. Au lieu que la classe ou même l'école ne devienne l'écho ou le reflet en miroir de ce qui se passe à la maison, faire circuler l'information, créer des différences permet d'adopter des modes d'échanges alternatifs et novateurs. La répétition d'interactions dysfonctionnelles signale toujours un temps bloqué, une homéostasie rigide qui génèrent des cercles vicieux où toute pensée, tout ressenti et toute action qui ne s'inscrivent pas dans le "politiquement correct" sont inenvisageables car sources de chaos et donc d'imprévisibilité. Contrairement aux idées reçues il est plus facile d'introduire de la différence au sein de la classe que dans la famille, la classe étant un système plus récent et moins engagé affectivement que la famille comme on le verra à travers l'illustration clinique.

Donner la prévalence aux processus et à la relation complète ce qui vient d'être dit sur la circulation de l'information. Il s'agit non seulement d'envisager toute problématique de manière cinétique et non plus statique mais aussi de la relier à la dynamique des appartenances, c'est dire que les contenants et le cadre se situent à un méta-niveau par rapport aux contenus. Contenant et cadre font référence aux limites, à ce qui est dedans et dehors, autrement dit au marquage de frontières. Cette délimitation, par exemple entre la classe, l'école, la famille, l'équipe médico-sociale est fondamentale en ce sens qu'elle introduit, là aussi, de la différenciation et définit clairement les diverses appartenances avec leurs incidences sur la construction de l'identité de l'enfant, sur la prise d'autonomie de l'élève. En bref circulation de l'information et activation des processus relationnels ne signifient pas transparence et effacement de toute délimitation mais vont de concert avec la reconnaissance de territoires différenciés et la création d'espaces médiateurs, nous y reviendrons.

Pour préciser cette introduction à la culture de référence, le tableau suivant résume les axes porteurs de la systémique :

Tableau 1

LA CULTURE DE REFERENCE

"Les systèmes ne sont pas dans la nature mais dans l'esprit des hommes" C. BERNARD

"Un système est un ensemble d'éléments en interaction dynamique, organisés en fonction d'un but" J. de ROSNAY

LES 4 POLES FONDAMENTAUX DE LA SYSTEMIQUE :

- **Le pôle écologique :** notion de contexte, et de totalité (tout organisé)
- **Le pôle fonctionnel :** communication, interaction, interactivité
- **Le pôle génétique :** permanence, changement, homéostasie, crise, ordre, désordre (introduction du temps comme processus)
- **le pôle ontologique :** appartenance, identité, loyauté, autonomie, frontières

La systémique est la discipline des méthodes de modélisation à fin d'intervention. J. L. LE MOIGNE

La systémique est à la fois un art, une culture, et une méthode. C'est un "art de faire" (même si elle dispose par ailleurs d'outils)... d'approcher la complexité. J. de ROSNAY

INCIDENCES SUR LA PRATIQUE D'UN ECLAIRAGE SYSTEMIQUE

Tout passage de la théorie à la pratique pose la question du "comment"? (Du « know what » au « know how » disent les auteurs de langue anglaise).

Ces vingt dernières années le courant constructiviste, sous l'influence de la seconde cybernétique, a fortement imprimé le développement de la systémique dans les sciences humaines. Pour synthétiser cette influence P. Caillé déclarera : "être objectif, c'est savoir qu'on ne l'est pas". Autrement dit nos représentations mentales, nos actions, nos attitudes, nos regards, nos silences, nos réponses... contribuent à l'invention de la "réalité" pour reprendre le titre d'un ouvrage de P. Watzlawick. (1988)

Le rappel des conséquences méthodologiques étant récapitulé dans le tableau 2, il me paraît plus stimulant, plutôt que de répondre à la question du "comment" de vous inviter à construire vos propres décodages et pourquoi pas votre modélisation d'intervention, à partir d'une situation empruntée au quotidien du psychologue dans l'école.

Il s'agit moins d'analyser la démarche du praticien que d'identifier les caractéristiques de l'interaction et d'imaginer des lectures alternatives de la situation problématique.

Support clinique

Ce petit garçon de 4 ans, que nous appellerons Patrick, est scolarisé en moyenne section de maternelle lorsqu'il est signalé par l'enseignant au psychologue de secteur pour comportement violent. Cette violence se manifeste non seulement par une attitude agressive vis-à-vis de ses camarades de classe, mais également en cours de récréation où il jette pierres et pavés qui lui tombent sous la main aux autres enfants.

Nous présenterons ici deux séquences de la prise en charge de cette situation par le psychologue du réseau d'aide spécialisé.

- La première montre un entretien avec les parents qui s'inscrit dans un suivi centré, de manière explicite, sur la façon dont les parents communiquent à propos de certains comportements de leur fils qu'ils s'accordent à qualifier de problématiques.

Le psychologue n'examinera jamais cet enfant à titre individuel. Les renseignements recueillis lui ayant appris qu'il s'agissait d'un élève très éveillé, d'intelligence normale ou supérieure qui ne présente pas d'autre difficulté que sa conduite instable et agressive, il choisira d'emblée de renvoyer le message que le problème n'est pas d'ordre individuel mais à prévalence interactionnelle.

Tableau 2

PRATIQUE *: **Incidences méthodologiques***

- **PILOTAGE DU CONTEXTE**

Responsabilité du cadre (limites spatio-temporelles-règles explicites-définition de son rôle- qualification de la relation).
Exploration de la situation (éléments les plus significatifs, acteurs concernés), délimitation du ou des sous systèmes d'intervention (école, classe, groupe de pairs, famille, secteur social, judiciaire).

- **TRAVAIL SUR L'INTERACTION**

Evaluer les modes d'échanges, les aspects fonctionnels : (à quoi sert le problème ?) et *symboliques* (quel sens fait-il, niveau mythique familial, niveau idéologique de l'école ?)
Favoriser l'interactivité, le partenariat : augmenter l'horizontalité des échanges.
Construire la demande en recadrant la définition du problème.

- **LE PROBLEME EST LE CHANGEMENT**

Soutenir l'homéostasie tout en restituant la crise dans sa dimension temporelle et historique.
Créer des espaces intermédiaires : innovation dans les modes de communication, introduction de lectures alternatives.
Mobiliser les ressources, reconnaître les compétences des différents partenaires. Connotation positive des intentions.

- La deuxième séquence concerne une réunion avec les représentants de l'école les plus impliqués dans ce problème (le directeur et l'enseignant) ainsi que les parents de l'élève (à la suite d'une mesure d'exclusion d'une semaine).

Le suivi familial qui portera sur environ cinq entretiens avec les parents seuls sera grandement facilité du fait que ceux-ci ont exprimé une demande sur la façon de favoriser la prise d'autonomie de Patrick, toujours dans les jupes de sa mère et qui ne fait rien par lui-même. Les plaintes de l'école concernant la violence de cet élève en classe seront à peine évoquées, bien qu'elles justifient la rencontre, pour éviter toute escalade dans les accusations réciproques entre famille et école. Autrement dit le psychologue choisit ici délibérément le "ticket d'entrée" proposé par la famille.

Il apparaît très vite que les messages adressés par les parents à Patrick sont contradictoires. La mère le traite encore comme un bébé et le couve tandis que le père se montre beaucoup plus exigeant, voire sévère, il lui arrive même de frapper l'enfant. Il est clair que ces messages contradictoires s'inscrivent dans une communication de couple minée par un conflit important. Le psychologue, qui intervient dans le cadre et à la demande de l'école, se gardera d'intervenir à ce niveau. Sa démarche s'appuiera, pour l'essentiel, sur trois axes :

- *La connotation positive des intentions des parents* qui en acceptant de participer aux entretiens montrent, qu'au delà de leur désaccord, ils sont capables de se mobiliser pour le bien être et le bon développement de leur fils. Bien sûr, remarquera le psychologue, ils ont des méthodes d'approche différentes et c'est au niveau de ces méthodes qu'il est sans doute possible de travailler ensemble. (Aucune critique n'est formulée vis-à-vis de l'attitude surprotectrice de la mère ou de la violence du père)

- *Modifier une seule règle d'interaction à la fois* en la reliant aux attentes des parents, c'est à dire concernant la prise d'autonomie de Patrick. Le psychologue recherche délibérément un consensus à minima en évitant d'aborder le conflit de couple (ce n'est ni le cadre, ni la demande) à partir d'une situation donnée. Concrètement les parents sont invités à discuter de ce qu'ils aimeraient obtenir de Patrick qui montre que celui-ci devient plus autonome. En bref le psychologue invite les parents à sélectionner un seul comportement (à table ou au moment du coucher) et à s'entendre sur la méthode la plus efficace pour obtenir cette amélioration. Ils devront aussi annoncer clairement et d'un commun accord à leur fils cette décision.

- *Soutenir l'homéostasie* en prenant soin de ne pas aborder de front le problème de couple et en demandant par ailleurs aux parents de ne rien changer à leurs habitudes en dehors de la séquence décidée en commun, le psychologue s'affilie à l'homéostasie familiale. Une conséquence immédiate sera que les parents vont se montrer coopérants en particulier en ce qui concerne la consigne visant à favoriser la prise d'autonomie de leur fils. Il en résultera une amélioration rapide du comportement de Patrick à la maison.

Cependant cette amélioration n'est pas notable à l'école qui interpelle à nouveau le psychologue, en même temps qu'est prononcée la mesure d'exclusion de l'élève accompagnée d'un signalement au juge des enfants ! Il serait alors légitime d'estimer que de donner priorité aux entretiens familiaux n'était peut-être pas le choix le plus judicieux pour conduire cette intervention. Il y avait, bien sûr, d'autres voies possibles pour aborder cette situation problématique mais cette démarche a eu le mérite, en établissant une relation positive avec les parents de sortir de l'escalade symétrique école-famille entretenue par des accusations réciproques d'incompétence ou d'insuffisance.

Il devenait alors possible de mettre en place, avec quelque chance de succès, un projet éducatif individualisé (P.E.I.) à la double initiative de la directrice de l'établissement et du psychologue de secteur. L'objectif très concret *de la première réunion institutionnelle* qui met en présence la directrice, l'enseignante, le psychologue, les deux parents et l'élève, est d'élaborer une convention de retour à l'école et d'intégration en différentes étapes.

D'emblée, c'est le père qui prend la parole exprimant sa surprise et son indignation face aux solutions mises en oeuvre par l'école : l'exclusion de Patrick et le signalement au juge. Cependant, et sans aucun doute grâce aux entretiens menés avec le psychologue, le ton reste très contrôlé. Il ajoute que lui-même et sa femme se sentent prêts à collaborer en vue d'une solution plus positive, en faisant toutefois remarquer que si, de leur côté, les parents ont fourni des efforts et ont travaillé dans le sens indiqué par le psychologue, il a le sentiment que l'école s'est peu engagée (ou désengagée !) en choisissant l'exclusion.

Sous l'influence d'une double médiation, celle de la directrice qui, avec calme, rappelle le cadre et le règlement et celle du psychologue qui connote la démarche des parents, l'entretien entre rapidement dans une phase constructive.

Sur proposition du père, il est décidé qu'un cahier de liaison circulera entre la maîtresse et les parents. Quant il y aura eu un ou des événements marquants, la maîtresse prendra quelques minutes avec l'enfant pour faire un bref bilan qui sera consigné dans le cahier et lu à l'élève qui sera chargé de le ramener à la maison. Les parents liront également à l'enfant ce qu'ils écriront. Cette démarche sera complétée par deux autres mesures :

- Patrick reprendra d'abord l'école à mi-temps (rappelons ici qu'il est âgé de 4 ans), si cela se passe bien, progressivement il reviendra à temps complet. Une des conséquences, est qu'il ne restera plus à la cantine où il se montrait particulièrement turbulent.
- La maman ne viendra plus chercher son fils à la sortie de l'école (retrouvailles toujours problématiques), mais c'est le père ou la nourrice qui s'en chargeront.

Bien entendu tout cela est discuté progressivement, mais ce qui est frappant, c'est qu'au cours de la réunion, la mère accepte maintenant que le père règle la distance entre elle et son fils : Patrick s'est d'abord assis sur les genoux de sa maman et très vite a commencé à chahuter, le père est intervenu pour calmer le jeu et comme c'était insuffisant, il a changé de place avec sa femme, séparant ainsi la mère du fils et tout est rentré dans l'ordre. Le psychologue n'a pas manqué de connoter le père pour son intervention tout en soutenant la mère qui acceptait cette nouvelle distance.

Cette première séquence de la mise en place du Projet Educatif Individualisé comporte quelques ingrédients essentiels qu'il me semble pertinent de souligner :

- L'instauration d'une ambiance de collaboration basée sur la complémentarité des actions et des interactions qui instaure une pause dans l'escalade symétrique école-famille (avec son cortège d'accusations, de jugements de valeurs, de moralisation, etc...).

- La répartition claire des rôles au sein de l'équipe éducative.
- Une discussion et une réflexion qui s'accompagnent de *consignes concrètes* élaborées en commun et qui font appel à une double participation, celle de la famille mais aussi celle de l'école.
- La connotation positive des efforts de chacun et des premiers résultats.

En bref cette première rencontre avec la famille et l'institution illustre bien le passage d'un modèle de la faute, de la critique, de l'aveu à celui de la prise de responsabilités et de la mobilisation des compétences. Il y aura, suite à ce travail, une évolution très favorable des comportements de Patrick en classe qui pourra réintégrer l'école à plein temps. Par ailleurs le suivi familial a été interrompu au moment des vacances d'été : à la rentrée, les parents contactés par le psychologue confirment qu'il y a aussi une amélioration notable à la maison et qu'ils ne sont plus demandeurs.

QUELQUES COMMENTAIRES

Face à un signalement, qu'il vienne de l'école, des services sociaux, de la famille, il y a un grand nombre de stratégies possibles :

- celles qui, de façon délibérée ou non, vont contribuer à maintenir et à sauvegarder les équilibres existants,

- celles qui favorisent les processus d'évolution et de changement et qui souvent intègrent le soutien à l'homéostasie institutionnelle et/ ou familiale.

Les démarches, lectures et solutions proposées s'inscrivent dans un référentiel qui orientera la modélisation et qu'il est souhaitable de rendre explicite.

Nous avons tenté à travers l'exemple présenté de montrer l'importance pour le psychologue en milieu scolaire de changer de "cadrage" quand la situation se bloquait, en d'autres termes d'élargir le contexte d'observation et d'action.

Il est apparu qu'il pouvait être fécond de travailler avec des espaces différenciés (la classe, l'école, la famille) surtout si l'on prend soin à la fois de marquer les frontières de chaque espace et de faire circuler l'information utile.

CONCLUSION

"S'*il fallait chercher les origines de la systémique contemporaine, nous la trouverions d'abord, et bien avant Pythagore, dans le rite de passage car, depuis la nuit des temps, il organise le changement de la personne conjointement au changement de la communauté d'appartenance.*"
E.DESSOY (1997)

Nous notions déjà dans un texte précédent (Rey, 1994) que les rites de passage, dont notre société moderne est fort dépourvue, catalysaient l'angoisse existentielle dans une mise en acte ritualisée permettant ainsi de transformer l'événement en processus. Ce que montre clairement la situation présentée ici, c'est que les rites de passages ont aussi le mérite de rendre clair pour tous les acteurs du système et plus encore pour les élèves, ce qui est dedans et ce qui est dehors, ce qui est avant et ce qui est après. Autrement dit ils réintroduisent des limites (et du contenant) tout en balisant la phase de transition, ce qui protège des ruptures trop radicales pour être élaborées. Dans l'exemple cité, il semble que les entretiens avec les parents organisés autour de tâches concrètes qui prennent en compte le niveau de la demande et que la réunion institutionnelle orientée vers la mise en place d'un P.E.I. grâce à un cahier de liaison (cahier des charges mais aussi cahier d'échange) aient contribué à mettre en scène les antagonismes et à ritualiser la crise.

Comme le remarque E.Dessoy (1997) la réintroduction d'une phase de rite demande beaucoup de souplesse et de créativité. Certains outils, comme les "objets flottants" (Caillé et Rey, 1994), peuvent s'avérer des alliés précieux dans cette restructuration du temps et de l'espace en ce sens qu'ils permettent de travailler à la fois le plan des interactions et celui des mythes (famille, école) et donc des représentations individuelles et collectives. Ainsi la crise (chronicisée ou non) qui a motivé l'intervention du psychologue n'est plus seulement restituée, comme il était préconisé de le faire dans la première période de la systémique, elle est aussi accompagnée. Au lieu d'aboutir à une plus grande désorganisation, voire à des ruptures destructrices, elle peut être réinscrite dans l'histoire du ou des groupes et devenir processus évolutif.

Cette réécriture de la crise, suite à un signalement, implique l'abandon d'une attitude de réparation au profit d'un questionnement qui interroge le sens autant que la fonction du problème apporté dans ses différents univers. Montaigne disait déjà : "je ne peins pas l'être, je peins le passage".

Références bibliographiques

AUSLOOS G. (1995). *La compétence des familles, temps, chaos, processus.* Toulouse, Editions ERES.

AUSLOOS G. (1997). Préface p. 11, in Curonici C., Mc. Culloch P., *Psychologues et enseignants - Regards systémiques.* Bruxelles, De Boeck Université.

CAILLE PH., REY Y. (1994). *Les objets flottants. Au delà de la parole en thérapie systémique.* Paris. E. S. F.

CURONICI C., MC. CULLOCH P., (1997). *Psychologues et enseignants. Regards systémiques.* Bruxelles. De Boeck Université.

DESSOY E. (1997). "Rite de passage et psychothérapies, comment remobiliser le temps suspendu." In *Thérapie familiale,* Genève. vol. 18, n°1, pp. 49-69.

REY Y. (1994). L'intervention psychologique en milieu scolaire : vers une approche multidimensionnelle. In *Echec scolaire, nouvelles perspectives systémiques,* (Dir.) Blanchard F. et col. Paris. E. S. F.

REY Y. (1997). L'entretien systémique en milieu scolaire. In *Manuel pratique de psychologie en milieu éducatif,* (Dir.) Guillard S. et col. Paris. Masson.

Autour du désir d'enseigner et au-delà à propos des enseignants et des psychologues scolaires au sein de l'école

*Marie-Claude BAIETTO **

Cet exposé m'a été demandé à partir d'un travail publié en 1982, sur « le désir d'enseigner »[1]. En fait ce titre n'est pas vraiment de moi, mais il incombe à l'éditeur qui le jugeait plus « accrocheur » que celui que je donnais de « désir de l'enseignant », c'est-à-dire, pour moi non pas un désir en soi, mais celui de personnes singulières qui ont fait de l'enseignement, leur métier.

J'orienterai mon propos d'abord vers l'approche d'un tel désir d'enseigner repris du côté des enseignants, puis m'interrogeant sur la place du psychologue au sein de l'école, j'aborderai ce qu'il en serait de la demande des enseignants envers les psychologues, ensuite je m'arrêterai sur ce que l'on peut nommer le passage d'une fonction d'enseignant à celle de psychologue à l'intérieur de l'éducation nationale. Que deviendrait alors le désir d'enseigner qui peut animer une personne singulière qui

** Maître de Conférences en Sciences de l'Education Psychanalyste*

[1] BAIETTO M.Cl. (1985) Le désir d'enseigner. Paris. ESF. 2ème éd.

passe à cette autre fonction mais au sein de la même institution ? Enfin je poserai la question du désir du psychologue au sein de l'école.

LE DESIR D'ENSEIGNER DU COTE DE L'ENSEIGNANT

Relation à l'enfant

J'ai voulu montrer en son temps que l'enseignant dans sa classe, et il s'agissait là de classes du second degré, bien que sa fonction lui assigne de transmettre des savoirs scolaires (on dirait aujourd'hui : faciliter des apprentissages) privilégie dans ses attentes la qualité du lien établi avec ses élèves. On le sait, ce sera : avoir un bon contact, établir un climat de confiance, savoir motiver ses élèves, se faire apprécier d'eux pour qu'ils aient une bonne opinion de leur enseignant qui se construira de la sorte une réputation positive au sein de son établissement.

Certes il y a l'efficacité de son enseignement, mais en fait elle est peu mesurable. Il semble donc que ce qui importe davantage dans la classe, c'est la relation et non pas l'apprentissage scolaire : être bien avec, être bien ensemble..., rien de moins dans certains discours que le bonheur de l'élève au sein de la classe. Et pour cela, souvent l'enseignant « ne veut pas faire le prof ». Alors si l'élève se raconte, l'enseignant le connaît un peu plus, il sait quels sont ses problèmes, ses sentiments... Du coup il peut l'aider, même... lui permettre d'aller mieux.

Lorsque l'adulte s'engage dans la relation, en retour le jeune l'investit, et lui fait confiance.

Cela se marque quelquefois par le tutoiement, le langage à l'identique, voire les rencontres en dehors de la classe. Se révèlent là deux pentes pour l'enseignant : devenir éducateur avec le risque d'une dérive qui peut aller jusqu'à une fonction proche du thérapeutique, ou être dans ce que j'ai appelé le « fraternage »[2], dans une tentative séductrice vis-à-vis du jeune[3]. Ceci pourrait paraître rapide, mais il s'agit ici de résumer.

La figure la plus familière de l'enseignant n'est peut-être pas celle dont nous venons de parler, qui est en général une figure plutôt appréciée, ce sera répétitivement l'enseignant qui se plaint de l'élève difficile, récalcitrant - un « cas », on ajoutera aujourd'hui : « social » - l'enfant qui ne veut rien apprendre et qui n'a de cesse par ses réparties insultantes, ses comportements perturbateurs, ses refus insupportables, de « déstabiliser » l'enseignant et de le mettre en échec.

J'ai souligné alors la dimension imaginaire, au sens de Lacan, de la relation ainsi établie, lien avec un autre soi-même, image autant honnie qu'aimée..., où le jeune est la seule passion de l'enseignant[4].

En corollaire demeure le désir de dominer l'autre, par l'emprise d'un enseignant tout-puissant qui peut tendre à s'occuper de l'ensemble de la vie du jeune, quelles qu'en soient les modalités[5]. Et pour l'adulte, ce n'est pas sans satisfactions.

---

[2] id. p.137,
[3] id. p.131,
[4] id. p.138,
[5] id. p.150

Au-delà, ce que nous trouvons, c'est la négation des différences et de la relation dissymétrique enseignant-enseignés, la négation de la place du savoir comme élément séparateur, le refus en fin de compte de la division du sujet.

Car il me semble qu'actuellement comme hier, l'enseignant se laisse prendre à une confusion des fonctions et des rôles, et il en est souvent ainsi de la part de ceux qui interviennent auprès des jeunes aujourd'hui. Sous prétexte que l'éducation familiale faillirait à sa tâche dans de nombreux milieux socio-culturels, les enseignants (ou d'autres) devraient y suppléer. Bien sûr en particulier dans l'enseignement maternel et élémentaire, les enseignants participent de l'éducation des enfants à la vie en groupe, à la vie sociale. Cependant, on le sait, ce sera toujours à partir des activités de classe, les savoirs à acquérir intervenant comme médiateurs, tiers séparateurs dans la relation pédagogique.

Un rapport au savoir

Tout enseignant est confronté quotidiennement à l'enfant, au jeune, mais aussi à la question du savoir, *« son rapport au savoir »* comme il se dit banalement aujourd'hui, d'une expression reprise de Lacan. Je ne l'aborderai que sous l'angle d'un désir de savoir opérant vers l'enseigné.

Le désir de savoir comme désir de savoir impérieux, par exemple, nous l'avons dit plus haut, quand il s'agit de tout savoir de l'élève et de son fonctionnement, ou encore à entendre comme vouloir lui communiquer un savoir dans la transparence de l'échange, vouloir également tout surveiller de ses manifestations dans la classe, tout voir, tout repérer.

On le comprend, cela renvoie à la toute-puissance, la maîtrise, mais aussi à l'asservissement de l'autre où se mêlent rivalité, sadisme, et même désir de mort[6].

Il serait préférable que se manifeste chez l'enseignant, et cela peut étonner, un désir d'apprendre, au-delà de celui qui est efficient pour la suite de ses propres acquisitions nécessaires quant aux savoirs universitaires et scolaires qui concernent son enseignement. En effet un désir d'apprendre peut être aussi opérant à partir de l'enfant, du jeune en apprentissage. Apprendre chez l'enseignant dans la classe, dans la mesure où cet autre, l'enfant, peut le modifier, le changer, le bousculer, le surprendre... Ce qui permet de dire alors que le jeune est dans la position d'enseigner lui aussi quelque chose à un enseignant, car tous deux sont des êtres dépendant du langage. C'est bien ce que j'ai entendu par exemple de la part de certaines institutrices de CP au moment de l'apprentissage de la lecture, leur surprise et leur questionnement devant les butées, l'appréhension étrange des mots... de la part des petits. L'enseignant ici est ouvert à l'inattendu, à l'imprévu de la part de ses élèves, dans un désir de découverte, désir qui a son efficacité dans la prise en charge de l'élève. C'est ce désir de découverte quant à l'Autre du langage qui me semblerait indissociable du désir d'enseigner.

Lacan reconnaît qu'il y a « une question du désir de l'enseignant »[7], il rappelle que lui-même a commencé un enseignement à partir du moment où il s'est trouvé en rupture d'avec une institution officielle de la psychanalyse,

---

[6] id. p. 146-147

[7] LACAN J. Le séminaire, livreIX, séance du 13/3/63, non publié

autrement dit à partir du moment où « il s'est autorisé de lui-même », où il s'est dégagé de ses premiers pères en psychanalyse, mais ajoutons, sauf du premier, Freud, qu'il n'a connu cependant qu'à travers ses textes. Pour le nommer tel, à savoir désir de l'enseignant, il faut d'une part qu'il y ait un apport, un contenu faisant enseignement pour celui qui le reçoit, d'autre part il s'agit d'un désir de l'enseignant ici posé en symétrique du désir de l'analyste. Lacan avance avec ironie une définition du professeur comme celui qui découpe dans les savoirs existants, dans une activité analogue au collage. Cependant si le collage est fait par lui sans qu'il se soucie du raccord, s'il vise ce qui peut lui donner une valeur d'oeuvre d'art évoquant alors le manque, ainsi : « Par cette voie... il arriverait (le professeur) à rejoindre l'effet propre de ce qu'est justement un enseignement », ajoute Lacan.

Ce fut ma référence aussi quand j'indiquais à la fin de mon travail que : « à tout le moins parlerait-on de réussite (pour un enseignement), ce serait dans ce qu'(elle)il a manqué »[8]. Parce que les désirs inconscients ne se maîtrisent pas, chacun des partenaires de la scène pédagogique, l'enseignant y compris, a droit à l'erreur, à l'incertitude, à l'échec, a le droit de ne pas tout savoir[9]. On repère bien ce que pourrait être à partir de là, une position enseignante référée au manque, référée à ce que « l'engagement dans la loi du symbolique se signe d'une perte, celle de la croyance en la toute-puissance »[10], autrement dit référée à la castration dans sa dimension symbolique.

---

[8] BAIETTO M.Cl., op. cit p.158

[9] id. p.162

[10] id. p.161

La question du transfert dans le cadre de l'enseignement

Mais nous sommes loin de ce qui vient habiller, masquer cette dimension, à savoir les figures enseignantes, celles auxquelles les sujets pédagogues concernés s'identifient au travers de leur parcours. En rendent compte certains jeux devenus ordinaires, sur le vocable même. On peut entendre dans le mot enseignant « en-saignant » (voir saigner). Plus d'un sur le divan y a eu recours avec profit pour son dire. En quoi on reconnaît cependant le masochisme et le sadisme de certaines personnes professorales. Cela n'est pas nouveau, mais bien présent.

Préfère-t-on s'y retrouver à partir des imagos parentales, plus faciles à aborder, car moins gênantes ? Freud lui-même dans un texte de 1914[11] sur la « psychologie des lycéens », rendant compte de sa propre expérience, identifie ses professeurs à la figure du père de l'enfance : un père craint, et admiré, détesté ou aimé, ce qui explique à ses yeux les sentiments forts que les enseignants provoquent chez leurs élèves indépendamment de leurs personnes. Freud souligne le transfert ainsi réalisé, transfert nécessaire à l'apprentissage des matières scolaires. L'enseignant, personne centrale du groupe-classe, figure identificatoire mis en place d'Idéal-du-moi, cela me semble une approche connue[12].

Que se passe-t-il quand il y a antinomie entre les figures parentales et celles des enseignants, ou bien quand les figures identificatoires ont manqué dans l'entourage de

---

[11] FREUD S. (1914). La psychologie des lycéens, in *Résultats, idées, problèmes* tome 1, Paris P.U.F. Ed. 1984

[12] BAIETTO M.Cl., op. cit. p.154

l'enfant ? Aux éducateurs, et enseignants de tenter par la qualité de la relation établie avec le jeune, d'autoriser la mise en place de possibilité d'identification[13] ou encore d'être comme le médiateur de l'idéal[14]. C'est ce que préconisaient des éducateurs et des enseignants adeptes de la psychanalyse, du temps de Freud en Suisse, Allemagne, Autriche. C'est ce que certains reprennent, me semble-t-il comme je l'ai entendu récemment (M. Cifali) en préconisant le retour d'une dimension charismatique chez l'enseignant[15] pour pallier aux problèmes actuels de conduite des classes.

Retour sur les savoirs enseignés et d'autres : de l'enseignement et de la transmission

La psychanalyse permet de penser le contexte pédagogique, c'est la psychanalyse appliquée à l'éducation comme le dit Freud lui-même, et plus d'un s'y sont essayés à sa suite. Comment la psychanalyse aborde-t-elle la question des savoirs ?

Dans le champ de l'analyse, le savoir en question, c'est celui du sujet de l'inconscient, savoir insu, présent cependant dans le discours, la parole de l'analysant « qui

---

[13] AICHORN A. (1925). Jeunesse à l'abandon. Toulouse Privat, éd.1973

[14] CIFALI M., MOLL J. (1985). Pédagogie et Psychanalyse. Paris, Dunod, cf. p.202 à propos d'Henri Sulliger, instituteur et psychothérapeute, co-auteur de la « Revue de pédagogie psychanalytique » suisse et allemande qui parut de 1926 à 1937.

[15] CORDIE A. (1998) Malaise chez l'enseignant. Paris, Seuil

se lit dans ce qui s'en dit »[16]. Ce savoir inconscient vient de l'Autre, d'abord le premier, la Mère.

Il n'en constitue pas moins aussi l'Autre dans le sujet, alors sujet-supposé-savoir, opérant dans la cure (cf. « qui se supporte du signifiant comme tel »[17]), c'est l'Autre - l'inconscient - qui sait, savoir d'abord dans l'Autre, savoir « à prendre », nous dit Lacan, d'où l'apprendre. Le sujet-supposé-savoir n'est donc pas seulement porté par l'analyste, et présent dans le sujet analysant, il est plutôt fonction maintenue dans le dispositif de la cure, place tierce inscrite dans la parole et opérant des deux côtés, celui de l'analyste et celui de l'analysant. La cure analytique n'en autorise pas moins un certain gain de savoir. Mais de ce savoir acquis, il y a souvent oubli, amnésie (cf. l'oubli de Hans qui, jeune homme, revint voir Freud et lui dit n'avoir aucun souvenir de l'analyse faite quand il avait cinq ans), et il est difficile d'en faire état à d'autres. C'est toute la question d'une part de pouvoir faire la théorie de sa propre cure, d'autre part d'en faire aussi transmission, à la suite de Freud. Néanmoins la théorie ne peut advenir que de la part gagnée sur l'insu, et à partir de ce lieu de l'Autre.

Les savoirs scolaires ne sont pas du même ordre. Ils sont connus, répertoriés, et relèvent de la logique consciente. Mais ils font appel au langage, « qui se supporte du signifiant comme tel »[18], si bien que les erreurs, les difficultés d'apprentissage pourront s'appréhender en s'appuyant sur une autre logique, la

---

[16] LACAN J. (1975) Le Séminaire, livre XX, « Encore », Paris, Seuil p. 88-89

[17] id.

[18] id.

logique du signifiant. Ainsi « double », par exemple en calcul, mais aussi quand il s'agit de « doubler » une voiture, chez un enfant « double » ou fantôme d'un autre, peut renvoyer à de nombreux éléments de son histoire, porteurs de charges affectives. Denis, un enfant de Bonneuil, huit ans, entre autres difficultés, ne parvient pas à classer grand, moyen, petit ; or il est l'aîné d'une fratrie de trois frères, mais son cadet immédiat est aussi grand que lui ; il est ainsi resté bloqué sur la seule signification connue de lui dont il ne peut se déprendre.

J'avançais dans mon ouvrage qu'il n'était pas sûr qu'un enseignant veuille vraiment transmettre tout ce qu'il a acquis, quelquefois durement, mais que peut-être il tient plutôt à garder du savoir pour lui comme engrangé ; s'il ne dit pas tout, c'est que c'est à l'autre de faire le même effort pour tenter d'atteindre le même savoir. Cependant, il faut que l'enseignant en montre suffisamment pour confirmer sa place de détenteur de savoirs sûrs. Car le savoir à acquérir installe des sujets divisés, le sujet est mis de côté quand il s'agit d'apprentissage, il est demandé à chacun, enseignant et élève de laisser leurs affects au vestiaire. Est-ce supportable ? Pas pour tous. On ne peut ignorer que le savoir procure du plaisir, que cela « s'ap-prend », se prend à l'autre ; mais c'est un objet qui échappe, tantôt montré, tantôt gardé, et bien entendu, on en manque toujours !

J'ajouterai que actuellement, où règne le cognitivisme sur les didactiques des disciplines d'enseignement, et sur leurs pédagogies, et où il s'agit de clarifier les procédures, les stratégies, les objectifs pour développer les compétences...., on fabrique plutôt de l'inappétence à savoir et à apprendre.

Il me semble que l'enseignant qui s'appuie sur des savoirs connus, répertoriés, mais qui se doit de réfléchir, voire d'innover pour les faire acquérir, est un « passeur » de savoir. Il a à renoncer à le posséder pour lui, à cesser d'en faire un instrument de domination de l'autre, et à refuser de le présenter aussi comme arrêté, définitif, sans faille. Alors que nous sommes limités quant au savoir, le savoir nous limite aussi.

Nous allons retrouver ce problème de la place du savoir en questionnant la position du psychologue au sein de l'école.

LA DEMANDE DES ENSEIGNANTS ENVERS LES PSYCHOLOGUES AU SEIN DE L'ECOLE

Que se passe-t-il quand des enseignants rencontrent sur leurs chemins un psychologue et cela au sein même de l'école, psychologue qui lui se trouve être un ancien enseignant ? Et bien, le plus souvent les instituteurs commencent par se plaindre !

Leur plainte

Un enseignant, c'est un individu face à un collectif, un adulte isolé au milieu d'enfants, et il peut s'enfermer, jouir même de cette place particulière. Mais ce peut être, et c'est là que surgit la plainte, une solitude vraiment éprouvée, mais pour laquelle il va s'exprimer de manière déplacée, car lui est-il possible d'en parler ? Solitude bien réelle dans la mesure où ses propres difficultés dans l'exercice de son métier ne sont prises en considération que sur un plan pédagogique, celui de son savoir-faire d'enseignant, ou de son savoir y faire avec tel ou tel enfant dit difficile, en échec. Mais les répercussions sur sa personne propre ne sont pas prises en compte, sauf quand il « craque ». Par conséquent les demandes envers le psychologue scolaire seraient plutôt à décrypter ! Car ce que les enseignants demandent en fait, c'est à parler d'eux-mêmes certes, mais autrement que par la plainte classique ou l'insatisfaction permanente qui se disent dans les cours de « récré » au sujet des élèves impossibles. Il est encore très peu demandé aux enseignants de développer un savoir sur eux-mêmes. Et ceux qui s'y risquent, ce sera de leur propre initiative, et à leurs frais.

Demandes

Ainsi de la part du psychologue au sein de l'école, *il s'agirait de les entendre* et pas seulement de les écouter, en particulier quand il s'agit de leurs élèves. S'ils expriment par exemple une certaine réticence devant une prise en charge trop lourde pour certains enfants, avec critique de la main mise de l'Education Nationale sur l'ensemble de ce qui concerne l'élève, y compris sa souffrance, il semble qu'ils doivent être entendus. Et n'est-ce pas aussi eux-mêmes qui l'éprouvent, cette lourdeur de l'institution ?

Il est demandé aux enseignants de savoir faire avec ce qui est un véritable symptôme : l'échec scolaire, ou l'inhibition à apprendre, symptôme massif d'un être en difficulté non seulement scolaire, mais de vie tout court. Certes, vont être reconnus, répertoriés, divers troubles fonctionnels ou caractériels, et même, une structure psychique pourra être repérée. Mais si cela rassure en un premier temps de paraître savoir en parler, est-ce que cela indique comment s'y prendre avec cet enfant-là ? Le problème est souvent trop global pour que ce soit au seul enseignant à le traiter. C'est bien connu puisque existent les prises en charges et les orientations des enfants en trop grand échec. Cependant le point de départ n'en reste pas moins un ratage dans le cadre scolaire.

L'enseignant signale un enfant à problèmes, celui dont le psychologue devra s'occuper : lui, l'enseignant a opéré ce diagnostic que le psychologue devra confirmer. Or nous le savons, un enfant peut être aussi un enfant-symptôme d'une situation scolaire problématique. Ce pourra être l'enfant élu, choisi par un adulte toujours aux prises par exemple avec une rivalité reprise de son enfance... L'enseignant sait aussi que du côté des parents, il peut être remis en cause, et ce serait directement de sa faute si l'enfant a des difficultés... C'est là qu'intervient la plainte de l'enseignant de ne pas « voir » assez le psychologue..., de ne pas avoir assez de conseils concrets face à ce qu'il vit comme de l'impuissance devant l'enfant difficile, de ne pas avoir de transmission d'informations d'ordre psychologique (la question du secret professionnel)... Il est demandeur d'efficacité, de résultats rapides, car c'est lui qui rencontre quotidiennement l'enfant insupportable : le psychologue et l'enseignant ont donc chacun leur perception du temps ! Remarquons cependant que nous ne sommes pas loin non plus d'une attente de solutions de type magique !

L'enseignant se sent exclu d'un système où interviennent le psychologue, la famille, et l'intervenant spécialisé... Il va reprocher à ses différents partenaires de retenir des informations qui lui seraient précieuses. Il n'est pas vraiment consulté, ni associé aux prises de décision concernant un enfant signalé. Et pourtant nous savons que la demande d'intervention porte sur l'enfant, et dans la plupart des cas, pour lui l'enseignant, cela ne concerne pas ce qu'il met en oeuvre pour cet enfant-là. Sa quête de conseils ne serait-elle que masque pour obtenir un acquiescement de son action ? C'est pourquoi quand l'enseignant parvient à appréhender qu'il n'est pas étranger à ce qui arrive à cet élève-là, il en ressent peut-être une certaine culpabilité qui s'exprime comme elle peut, par exemple sous forme des demandes multiples auxquelles les psychologues scolaires ont à faire.

L'enseignant réclame des psychologues qu'ils soient du même corps, celui des enseignants car les praticiens de la psychologie à l'école se doivent de connaître le métier d'enseigner : le psychologue dit « scolaire » n'est-il pas classé comme « instituteur spécialisé » ? L'un des enseignants rencontrés par M.J. Alloati[19] va même jusqu'à demander que le psychologue fasse encore de temps en temps la classe pour ne pas perdre de vue les réalités scolaires ! Tout ce qui éloigne le psychologue du contexte scolaire est mal perçu ! A quoi on peut reconnaître la poursuite si souvent présente chez la personne enseignante du connu, du même. La difficulté ici vient peut-être d'avoir à se situer par rapport à des partenaires communs : élèves, parents, école... Or les places ne sont pas identiques. Si le psychologue cherche - ou devrait

---

[19] (19) ALLOATI M.-J. , DAMEI Y. (1994). "La représentation du psychologue chez les enseignants" : travail de recherche pour le DEPS, U.P.M.F. Grenoble .

Voir aussi : PRADEL F. (1991). La relation psychologue scolaire/enseignants. Mémoire de maîtrise de psychologie clinique. UPMF Grenoble.

chercher - à marquer les différences, l'enseignant préfère lui, le plus souvent la poursuite du même. Mais cela peut s'inverser.

Dans ce grand corps qu'est l'Education Nationale, perçu comme tantôt protecteur, tantôt répressif, voire persécuteur, face à des demandes multiples adressées à ses membres, il est peu aisé d'être autonome dans ses démarches, indépendant dans ses jugements. La structure même est infantilisante, la gestion des carrières étant basée sur des notes et des appréciations provenant d'une hiérarchie appréhendée comme toute-puissante. On peut parler là d'une dépendance transférentielle vis-à-vis d'une instance ayant tout pouvoir, mais qui assure aussi une protection. Cela joue tant pour l'enseignant que pour les autres employés de l'Éducation Nationale même s'ils sont psychologues.

N'est-ce pas la fonction même de psychologue au sein de l'institution qui entraîne la demande enseignante, formulée encore de façon indirecte quand il lui est demandé d'être disponible, comme à la disposition, de pouvoir être consulté à la demande ? Demande d'une relation privilégiée avec celui qui est perçu comme détenteur d'un savoir psychologique qui fait envie, d'où les appels qui lui sont adressés pour savoir faire avec l'enfant difficile ; mais il y a aussi un sentiment de l'enseignant d'être laissé de côté, quand le psychologue se préoccupe davantage par exemple de l'entourage familial de l'élève. Comme s'il y avait là une rivalité avec les enfants et les parents, envers quelqu'un mis en position de super-maître, ou encore mis en place de personnage parental qui se doit de s'intéresser à chacun de façon égale. Néanmoins en ce qui concerne les demandes d'aide, on peut également se trouver devant une demande consumériste, à l'instar de celle qui existe entre client et fournisseur et bien dans l'air du temps, forme apparente d'une demande insatiable occultée. Nous le savons, il y a une différence entre écoute, et réponse à la demande.

Ainsi : *la question du secret professionnel*, source de malentendus entre adultes concernés par les mêmes enfants : enseignants, rééducateurs, psychologues. Les enseignants sont souvent mécontents du refus qui leur est opposé de leur communiquer le contenu des dossiers, parce qu'ils ne comprennent pas ce rejet. Pourquoi ce qui pourrait les aider dans leur pratique enseignante en face de tel ou tel comportement, ou d'un échec, leur resterait-il caché ? Ils se sentent remis dans une position infantile comme autrefois face aux secrets des parents. Ils ne saisissent pas vraiment que cela renvoie à la position de chacun, à la différence des places et des rôles auprès des enfants.

Peut-être y a-t-il moyen d'en dire un peu, sans trop en dire, chacun conservant sa place et sa fonction auprès de l'enfant. Il s'agit en effet de respecter le dire, le « jardin secret » de celui-ci, mais aussi de permettre à chaque intervenant d'oeuvrer au mieux de la place qui est la sienne.

POURQUOI ETRE PSYCHOLOGUE AU SEIN DE L'ECOLE

Pourquoi devenir psychologue dans l'école ? Est-ce désir de guérir, de réparer, ou encore de mieux éduquer l'enfant en difficultés ? Est-ce échapper au malaise enseignant, aux blessures narcissiques rencontrées dans l'exercice de ce métier ? Qu'est-ce qui, pour celui qui choisit la psychologie, demeurerait des figures enseignantes de son passé vécues comme substitut de père ou mère pour l'enfant qu'il a été, et pour celui qu'il rencontre ? Y aurait-il un certain confort dans une position où serait récusé ce que l'on n'est plus, un enseignant ? Quelle est la part du déni dans cette position entre deux fonctions : super-pédagogue, et/ou psychologue ? Qu'en serait-il du devenir d'un désir d'enseigner comme relation à un enfant et rapport au savoir, tel que je l'ai défini ?

Le désir d'enseigner trouverait-il à se manifester dans les réponses aux demandes de savoir venant de l'autre ? L'autre, l'enseignant qui veut le savoir « psy » du psychologue, l'autre, le parent qui veut le savoir éducatif du psychologue, l'autre de la hiérarchie qui veut contrôler son travail. Mais répondre à la demande de savoir, c'est vouloir faire montre d'un savoir assuré sur l'autre, en être capable... Est-il aisé pour une personne qui a été un enseignant d'abandonner le discours professoral sûr de lui, exhibé comme objet phallique et qui laisse l'élève en position d'avaleur, de preneur de savoir, fasciné peut-être ? Mais traiter l'échec scolaire, éducatif, voire enseignant..., n'est-ce pas aussi avoir encore pouvoir sur l'autre, devenir par exemple pour le seul enfant, un véritable « deus ex machina » ?

Il m'apparaît pourtant que ce qui prime dans ce cadre, c'est plus le désir de savoir que le désir de transmettre, désir de savoir sur l'autre, sur l'enfant, comprendre, expliquer.... Néanmoins la fonction d'un psychologue praticien ne sera opératoire pour un enfant, un enseignant, un parent, que si le psychologue abandonne toute position de maîtrise par le savoir, renonce à tout pouvoir sur l'autre, comme s'il était possible de savoir à l'avance le bien de l'enfant. Le psychologue au sein de l'école se doit d'avoir une éthique fondée sur la division du sujet et le manque, avec la prise en compte de l'irréductible de l'inconscient, sans viser l'adaptation du sujet, ni son intégration dans la norme. Certes il est difficile d'accepter de ne pas savoir, puisqu'il n'y a pas de savoir sur l'autre antérieurement construit, en dehors de la rencontre et de la réponse imprévue qui vient alors du domaine de l'insu. Il s'agirait de vouloir plutôt être enseigné par l'autre.

Une remarque ici. On doit le terme de psychologie scolaire, ai-je lu, à Claparède, qui s'intéressa en 1900 aux problèmes psycho-pédagogiques, pour souhaiter une psychologie de l'écolier, au service des maîtres et des élèves. Notons que sa conception englobait la formation des maîtres. Le psychologue dit scolaire naquit en France dès 1946, après une tentative en 1945 à Grenoble. Toujours est-il que l'on peut se demander si la psychologie étant au service de l'élève, donc scolaire, le psychologue doit l'être aussi, « scolaire » ! Nous ne pouvons pas oublier les connotations diverses de ce terme, d'où mon choix de parler du « psychologue au sein de l'école ». C'est à lui qu'il me semble opportun de poser quelques questions.

La question du savoir

Il m'apparaît que la question d'un savoir spécifique, celui d'une psychologie pour l'école, est au centre de la fonction du psychologue qui choisit d'y être. Il me semble que celui qui entreprend des études de psychologie est en quête d'un savoir sur lui-même et sur les autres, pour "savoir comment on fonctionne et pourquoi on agit".

Assurément il y est trouvé quelques réponses, mais vous le savez, l'inconnu de l'autre est toujours à l'horizon. Peut-être ne lui est-il plus possible de se satisfaire des savoirs scolaires et disciplinaires, objets du travail d'un enseignant ? Les fausses certitudes pédagogiques le lasseraient-elles ? Peut-être la relation à un collectif, celui de la classe, n'est-elle plus acceptable et il devient préférable de rechercher une relation plus proche, plus immédiate avec l'enfant ?

Cela me semble être le deuxième aspect important de ce passage de l'enseignant au psychologue, que cette relation à un enfant singulier, même si un grand nombre est rencontré. Est-ce vouloir annuler le rapport apparent de domination-soumission entre enseignant et élèves, comme le dit J. Filloux ?[20] Eviter aussi la séparation qu'implique l'acte d'enseigner ? S'adresser à l'enfant et non plus au seul élève ? Prendre en charge en quelque sorte son développement. Quel enfant ? Soigner, réparer, améliorer : tels sont les projets possibles pour les enfants rencontrés. Mais il m'a été dit que la fonction comporte suffisamment de tâches sous la forme des tests, diagnostics, travail d'orientation, réunions..., pour qu'il soit évité de rentrer dans ce processus de suivi et de soins.

N'est-ce pas également une fonction, celle du psychologue au sein de l'école, qui permet de récupérer considération et pouvoir certes sur l'élève, mais surtout sur ses parents ? Les parents que le psychologue rencontrera sont ceux d'élèves en difficultés, pour lesquels quelque chose a failli, pense-t-on, au niveau de l'éducation

---

[20] FILLOUX J. (1996). Du contrat pédagogique. Nouvelle éd. Paris, L'Harmattan

familiale. Le psychologue là, ne trouve-t-il pas un rôle de super-éducateur, dans la perspective d'une rééducation possible de l'enfant à problèmes ? De la sorte il pénètre plus profondément dans l'intimité familiale, dans ces secrets des familles qu'il va garder pour lui, car il est soumis au secret professionnel, et cela compte ! Dans ce contexte, n'y aurait-il pas rappel du désir de savoir de l'enfant que l'on a été, sur ce qui se passe entre les parents ; un peu comme si on y assistait enfin, dans un désir de transgresser l'interdit de savoir ?

Dépister, rééduquer, voire soigner seraient plus nobles qu'enseigner. Les savoirs de la psychologie ne sont-ils pas plus valorisés que les savoirs scolaires ? Qu'est-ce qu'il est fait de ces savoirs de la psychologie ? Par exemple ils peuvent être appris, et pris comme possession de celui qui les détient, gardés pour soi ; ou savoir « savant » des théories, ils peuvent être utilisés comme instrument de pouvoir sur l'autre, ou bien encore ils feront l'objet de véritables croyances, comme s'ils étaient un savoir supérieur, un « meta-savoir » ! Mais ce qui est requis du savoir psychologique, ce sont de nouvelles assurances quant à l'affectif, et au relationnel ; certitudes venant recouvrir l'imprévu, l'inconnu des rencontres.

Enfin ce qui est requis aussi de ce savoir, quand il emprunte à la psychanalyse, c'est une compréhension de soi-même et des autres au-delà de l'apparent. Le savoir là, est perçu comme savoir d'initiés qui fascine et effraye à la fois. Permettrait-il enfin de connaître tout l'inconnu en soi ?

Remarquons seulement que le plus souvent la connaissance livresque ou universitaire des contenus de la psychanalyse vient faire écran à une démarche personnelle, pourtant la seule susceptible d'autoriser un travail sur l'inconscient. Prime dans ce contexte la tendance à situer le savoir analytique comme vérité première qui a réponse à tout, promu comme savoir idéalisé, dogmatique, qui supporte la croyance maintenue en la toute-puissance de celui qui le posséderait. C'est le risque encouru de par une large diffusion du corpus théorique de la psychanalyse, que ce soit par des cours ou des lectures, voire des rencontres, ce que Robert Castel appela le psychanalysme[21]. La diffusion de la psychanalyse à laquelle s'est prêtée en son temps Françoise Dolto, si elle a permis à certains de rentrer dans un véritable processus de travail personnel, a produit néanmoins à travers une véritable « Doltomania », un catéchisme éducatif dont certains psychanalystes d'enfants ont dénoncé les ravages[22], même si aujourd'hui ce phénomène s'estompe. Il y a une autre façon de tenir compte des savoirs de la psychanalyse, c'est de s'en inspirer, sans vraiment s'en servir, parce que l'on n'y est pas autorisé dans l'institution qui n'accueille pas des psychanalystes. Mais on aurait là une position presque impossible.

L'enfant et son symptôme

J'ai posé la question de savoir quel est cet enfant que le psychologue au sein de l'école considère comme étant au centre de son travail, au point de ne savoir que faire à côté par exemple, de la demande des enseignants à son égard.

---

[21] CASTEL R. (1973). Le psychanalysme. Paris, Maspéro.

[22] MATHELIN C. (1993). Raisins verts et dents agacées. Paris, Denoël

Cet enfant singulier, qu'il soit l'objet de tests ou d'un suivi, il s'agit de le connaître, d'entrer en relation avec lui, de s'engager avec lui, voire de le séduire pour mieux réussir que les adultes qui ont précédé le psychologue dans la prise en charge. Enfant à changer, modifier, former, modeler quand il est renvoyé vers une rééducation, afin de le rendre apte à s'insérer dans l'école, voire conforme aux exigences scolaires ; mais n'est-ce pas quelquefois au prix d'une nouvelle aliénation ? L'enfant en question est-il vraiment l'enfant présent avec ses symptômes, n'est-il pas aussi un enfant projeté, imaginé pour un avenir qui serait meilleur, celui que pensent les adultes pour lui. Car peut-on vouloir autre chose que son bien ?

Et vous n'êtes pas sans savoir que dans l'enfant reçu, c'est lui-même que le psychologue rencontre, plutôt l'enfant qu'il a été, toujours présent en lui. Cette image serait pourtant nécessaire aux dires de certains, pour pouvoir travailler avec des enfants. Faut-il le rappeler, cette représentation de soi enfant, image narcissique, est toujours à la fois aimée et haïe.

Alors si vouloir le bien de l'enfant, au-delà de ce que lui-même désire, est mis en oeuvre, ce sera de quelle manière ? Nous le savons quelquefois de la pire des façons, c'est-à-dire de manière destructrice pour lui !

Oserais-je aborder ce qu'il en est des orientations de soins indiquées dans le cadre de la psychologie à l'école ? On le sait, il s'agit dans un premier temps de repérer le symptôme, puis de tenter d'y remédier, et cela nous dit-on, de plus en plus tôt dans la vie de l'enfant. Quelques mots ici concernant le symptôme, qu'il soit une conduite dommageable pour l'entourage ou pour l'enfant, ou encore un échec quant aux apprentissages scolaires. Le symptôme, c'est une construction de l'enfant, ce qu'il a aménagé dans le cadre d'une situation, d'un conflit, même s'il lui est propre, qu'il vit comme insupportable. Le symptôme de l'enfant représente aussi la vérité d'une structure familiale, comme l'a souligné Lacan. Il est une tentative de s'en sortir, une tentative dynamique même si cela joue contre lui en fin de compte, tentative aussi quoique avortée de communication avec l'entourage, appel donc. Qui signale le symptôme : l'enseignant, la famille ou l'enfant lui-même, que cela concerne au premier chef ? Qui gêne-t-il ? Nous le savons, pas toujours l'élève !

L'enfant existe d'abord à travers la parole de ses parents, à travers la place qu'ils lui font, à la mesure de leurs désirs. Et les difficultés, voire désordres d'un développement infantile peuvent être tout à fait momentanés, et non l'indice d'une grave perturbation de la vie symbolique de cet enfant-là. De plus on peut dire que des crises sont nécessaires, et plutôt indicatrices d'une dynamique à l'oeuvre. Alors « laissons-les vivre ! », dirait-on, avant de vouloir réparer à tout prix ! Se centrer sur le manifeste, réparer le dommage paraît en réalité s'appuyer sur une conception morcelée de l'individu, une conception organiciste voire machiniste de l'être humain, bien dans l'air du temps.

A telle difficulté, tel remède ou telle méthode. Et on ne peut pas dire que cela ne marche pas dans certains cas. Pourquoi ? Parce qu'il nous faut tenir compte de la relation établie avec le « rééducateur » (orthophoniste, psychomotricien ...), du transfert si vous préférez, lequel entraînera un mieux parce que c'est cela qui fait plaisir à ce nouvel adulte investi par l'enfant. Mais le gain thérapeutique va-t-il se maintenir en dehors de cette relation spécifique ? Pas toujours, et on voit ainsi des dysfonctionnements se manifester à nouveau, une fois la rééducation arrêtée. Ou encore une réussite momentanée n'aurait contribué qu'à déplacer le symptôme qui se manifestera plus tard sous des formes plus dommageables. Alain Depaulis[23] cite ainsi le cas de Laurent qui a fait une rééducation en français à la demande de sa mère et de lui-même ; plus tard il absorba de la mort aux rats, exprimant alors une souffrance qui allait bien au-delà du problème scolaire. Laurent ne satisfaisait jamais une mère très exigeante à son égard ; en fait la rééducation allait dans le sens d'un désir maternel écrasant pour son fils.

De façon plus générale est-ce que vraiment est pris en compte le souhait de l'enfant, sa demande véritable ? Nous devons redire qu'il ne peut être seulement un « objet » de soins, de rééducation, ou de psychothérapie ; il ne peut être que profondément d'accord avec ce qui lui est proposé, afin que sa dimension de sujet parlant soit mobilisée dans une rencontre qui pourra être alors facteur de changement.

Les demandes du psychologue au sein de l'école, vis à vis des enseignants

C'est ce que nous aborderons à présent, mais il semble que cette manière de poser les questions, comme à propos de la précédente sur les demandes des enseignants envers les psychologues, situe les partenaires dans une position où l'un ne voit que l'autre, en oubliant l'objet et l'enjeu de

---

[23] DEPAULIS A. (1992). Clinique de la demande en consultation infantile. Presses universitaires de Nancy.

leur rencontre : l'enfant. Cependant si demande il y a de la part du psychologue, elle serait plutôt de l'ordre d'une quête de reconnaissance de sa fonction spécifique.

Que soit donc reconnue cette place particulière vis à vis des différents partenaires de l'école sans que les enseignants cherchent à le ramener dans leur camp, si je puis dire. Le pire pour le psychologue serait de prendre parti soit pour l'enfant absolument, soit pour l'enseignant au nom de l'ancienne identité de corps, en cas de difficultés manifestes dans la classe. Pointe aussi une autre demande de reconnaissance vis-à-vis de l'institution qui garde sa mainmise sur les psychologues qu'elle emploie. Ce qui pose la question bien entendu du statut d'une fonction de psychologue restant à l'intérieur de l'institution. Toutefois demander à l'E.N. de leur reconnaître une place autre n'indiquerait-il pas justement qu'eux-mêmes ont quelques difficultés à l'occuper, cette place spécifique ? Ce qui manque alors dans ce contexte aux uns et aux autres, c'est une référence tierce. L'institution elle-même pourrait-elle jouer ce rôle, en assignant une place à chacun et en rappelant ce pour quoi chacun est là ? L'ennui c'est que le plus souvent alors l'Education Nationale se situe comme sachant ce qu'il faut aux uns et aux autres, et surtout à l'enfant, et ainsi une fois de plus se présente comme toute-puissante. A tout le moins la prise en charge d'un enfant par un soignant ou un psychologue demande que cela puisse être repris dans le cadre d'une supervision, contrôle, ou encore par un réel travail d'équipe...

Pratique clinique et désir du psychologue

Je souhaiterais dire quelques mots sur la pratique clinique, laquelle on le sait renvoie d'abord au singulier de chaque être considéré. Il y aurait dans le cadre de la psychologie à l'école deux pratiques cliniques : celle d'une clinique de l'observation, et celle d'une clinique de l'écoute qui s'apparenterait à l'écoute de l'analyste. Mais je ne suis pas sûre que ce soit cette écoute dont il est question dans les cas décrits, et trouvés au hasard de mes lectures concernant cette tâche. Il m'est apparu qu'il s'agirait d'une écoute voulant tendre encore à l'objectivité.

Mais il y a une autre position possible, une position qui tient compte comme je l'ai déjà dit, de la division du sujet, donc de l'irréductible de l'inconscient, ce que Lacan nomme la dimension de l'Autre. Qu'est-ce qui fait la singularité de cette position ? C'est que de la sorte est posée la question du désir de celui qui veut intervenir sur le psychisme d'un autre.

Posons donc la question du désir du psychologue. Il revient à chaque praticien de se poser cette question dans l'effectuation de ses interventions et de ses actes et de réfléchir à ce qui opère venant de sa personne auprès de l'enfant suivi ou orienté, auprès des parents rencontrés, auprès des enseignants solliciteurs ? Il ne s'agit pas seulement du désir propre, privé, de tel ou tel sujet en fonction de psychologue au sein de l'école, mais d'un désir opérant, un désir de psychologue comme on dit en clinique lacanienne le désir d'analyste. Autrement dit au-delà de ce que d'aucuns appellent contre-transfert, poser le problème de ce qui maintient prégnante, présente la division d'un sujet dans la rencontre avec un autre. Mais cette interrogation sur soi, elle ne peut seulement avoir lieu en son for intérieur. Je poserai plutôt le problème de la formation personnelle du psychologue travaillant au sein de l'école. Il est nécessaire que soient proposés au psychologue des lieux où il puisse se questionner avec d'autres sur ce qu'il engage de lui-même et de son désir dans son travail.

Pas lui uniquement d'ailleurs !

Aurais-je l'outrecuidance de poser la question du statut, celui d'un psychologue intra muros, issu du sein de la maison-mère Education Nationale, comme d'autres d'ailleurs qui y travaillent avec des tâches fort problématiques, je pense aux « maîtres G » en charge de réveiller le désir d'apprendre chez l'enfant ! Est-il celui-là, pédagogue ou thérapeute ? Ne doit-il pas incarner en quelque sorte le rêve de l'institution de vouloir tout embrasser ? Est-il possible dans ces conditions de questionner les positions et les places des intervenants ? Je ne le pense pas ! Je pense qu'il faudrait une « extra-territorialité » de ceux qui prennent en charge les jeunes en difficultés.

CONCLUSION : S'INTERROGER SUR SA PRATIQUE

Mais partons de ce qui existe. De façon plus générale il serait nécessaire que les professionnels de l'Education Nationale : enseignants, psychologues, rééducateurs, engagés dans la relation éducative puissent en effet réfléchir sur leur pratique. Qu'ils puissent accèder à une certaine intelligence de leurs actes au-delà des seules procédures spécifiques de leur fonction : didactiques, pédagogiques pour les uns, de dépistage et d'orientation, voire de suivi psychologique pour les autres. Pour ce faire, on le sait, et certains le connaissent, il y a le travail en groupe de praticiens, avec un superviseur lui-même aux prises avec le même questionnement.

Cela n'est pas sans rappeler ce qui se fait en d'autres milieux professionnels, à savoir : développer sa capacité à se questionner, même si les questions restent sans réponse, en partant des situations professionnelles rencontrées dans leur banalité, et en tentant de considérer la part que chacun a pris dans l'affaire. C'est un travail avec la parole et sur la parole dans l'inconnu qu'elle autorise.

Nous avons mis en place à Grenoble et dans son Académie, de tels lieux dans le cadre de la formation initale des enseignants et depuis peu pour ceux qui sont déjà en poste.[24] C'est une autre manière, non livresque, non dogmatique d'approcher quelque chose de ce qu'il en serait de la « psychologie » de l'enfant ou de l'adolescent en classe, et de ce qui concerne la relation maître-élèves, quand est pris en compte chez chacun l'irréductible de l'inconscient.

[24] Nous avons installé, Ludovic Gadeau, (Maître de Conférenes en Psychologie Clinique et praticien), et moi-même, depuis 1992 en formation intiale (IUFM de Grenoble), et depuis peu en formation continue des enseignants, et même des psychologues " scolaires ", (ainsi que dans d'autres cadres de formation), des Séminaires Cliniques d'Analyse des Pratiques Educatives où un travail par le groupe permet à des enseignants débutants de prendre la mesure de ce qui se joue dans la relation enseignant-enseignés : cf. entre autres : BAIETTO M.-C., GADEAU L. : "Un cadre clinique dans l'analyse des pratiques", in ouvrage collectif ss. la dir. de BLANCHARD-LAVILLE C., FABLET D. : "Analyser les pratiques professionnelles" (1998), Paris, L'Harmattan, p.219 à 237.

Comment dire ?
Comment-taire ?

Corinne BOGNAR *

En entreprenant ce travail de réflexion ma première question a été, au-delà de l'évidence, de pouvoir interroger la coopération de l'institution scolaire et d'un psychanalyste. Non pas pour la mettre en cause mais pour dépasser la notion d'aide à un enfant. Un sujet, même enfant, qui est amené à rencontrer un psychanalyste est quelqu'un qui se trouve un tant soit peu empêché, embrouillé dans son rapport au monde et à ses semblables. Il peut s'en plaindre, mais c'est souvent son entourage qui se trouve dérangé par le malaise de cet enfant. Ce sont les parents, les institutions qui l'accueillent qui se manifestent.

Ne pas se trouver bien à l'école, ne pas apprendre, ne pas s'intégrer à une classe qu'est-ce que cela signifie ? Est-ce le signe d'une souffrance ? Ou est-ce la manifestation d'une révolte qui se dit dans le refus, faute de pouvoir se dire autrement ?

Est-ce dû à la mauvaise volonté d'un enfant qui ne veut

* *Psychanalyste*

en faire qu'à sa tête, qui serait paresseux ?

Au delà de ce dysfonctionnement scolaire, symptôme apparent détecté par les instituteurs, les parents, les psychologues scolaires, il y a, une autre dimension qui est en cause.

Quel est le sens de ce symptôme ? A quelle organisation de pensée avons-nous affaire ? C'est à dire : quels points de repère s'est donné cet enfant dans la vie ? Ou, dit en terme psychanalytique, quelle est sa structure de personnalité ? De la réponse à ces questions préliminaires dépend toute l'orientation des différentes interventions.

Une fois ce préalable établi ce qui vient au premier plan c'est, pour toutes les structures et dans tous les cas, le rapport au savoir qu'entretient le petit sujet qui est ici sur la sellette.

Dans un texte précédent, Marie-Claude Baietto parle du désir d'enseigner. Ce désir rentre en résonance avec le désir d'apprendre des enfants. Pour mieux appréhender ce qui se passe dans cette rencontre de deux désirs placés différemment j'ai exploré le cheminement et l'évolution des dénominations signifiantes du monde scolaire. Je vais seulement vous faire part de mes découvertes étymologiques. Refaire ce chemin de l'histoire des mots fait partie de l'apport de la réflexion psychanalytique.[25]

- De l'instruction publique à l'éducation nationale
- De l'enseignant au pédagogue
- De l'instituteur au professeur des écoles
- De l'écolier à l'élève

Il est à noter que seul le terme d'« école » est resté constant et son corrélatif plus tardif de scolaire. Ce dernier

---

[25] Alain Rey : Dictionnaire historique de la langue française. Robert.

a pris au fil des ans une connotation certes regrettable mais péjorative indiquant un enseignement livresque, manquant d'originalité.

J'ai eu plusieurs surprises en allant à la recherche du sens historique de ces mots qui nous sont pourtant si familiers.

L'école, « skholé » en grec: étude, lieu où l'on enseigne, a d'abord exprimé l'idée de loisir et celle de compagnie, de corporation, puis celle d'activité intellectuelle faite à loisir telles les discussions scientifiques de Platon. En latin « ludus » (d'où ludique) désignait l'école élémentaire. L'école est rapidement devenu cet établissement où l'on donne un enseignement à plusieurs personnes.

Son sens figuré nous apporte la notion d'expérience et d'autorité du fait d'une transmission qui s'est effectuée : « être à bonne école » et « faire école ».

Ainsi loin d'être une instance d'apprentissage répétitif l'école dans la tradition peut être « école de la vie », là où un savoir faire s'acquiert, dans l'esprit de curiosité, d'alliance de savoir nouveau et de savoir ancien.

Et *l'écolier* est celui qui « escole » : soit toute personne qui fréquente une école, qui fait des études, qui s'instruit du fait de son propre désir.

Par contre, *un élève*, terme arrivé au 19ème siècle avec l'enseignement public, est celui qui est élevé par un maître. Nous avons là une personne qui est instruite par une autre personne qui a la visée de « mettre plus haut son élève », de le faire grandir. Nous pouvons remarquer en passant que de ce terme viendront toutes les notions d'élevage, relatives aux animaux.

Les mots ne sont pas innocents et leur transformation non plus. L'écolier bénéficiait du désir de transmettre d'un enseignant, l'élève se confronte au désir d'un autre à son égard.

Il y avait avant 1990 *des instituteurs* : ceux qui instituent, qui disposent, qui mettent sur pied, qui forment, qui fondent.

Instituer a la même racine qu'institution, de « in statuere, stare » : qui aide à se tenir debout, qui enseigne à ordonner, à régler. L'institution, dont l'instituteur est l'agent, a trait à ce qui est établi par les hommes et non par la nature, ce sont « les choses instituées » : l'ensemble des structures fondamentales de l'organisation sociale. C'est par cette rencontre avec l'instituteur que l'enfant va se confronter aux instances symboliques de la vie en société hors de sa famille. Ce que nous disait déjà Monsieur Roure il y à quelques années à une journée du C.E.R.E.D.A. L'instituteur « est une personne qui établit quelqu'un dans la connaissance de quelque chose. »

Il y a maintenant *des professeurs des écoles*, leur acte est celui de professer, c'est-à-dire : « le professor en latin est celui qui se déclare expert dans un art ou une science », c'est « un maître ».

La relation professeur-élève est directe, elle est moins médiatisée par un objet tiers : la connaissance ou l'institution qui accueille chacun des protagonistes.

L'enseignant « indique, désigne », il « fait connaître par un signe », il transmet des connaissances et c'est un art.

Le pédagogue vient de « paidagôgos » en grec : « esclave chargé de conduire les enfants à l'école » et par extension : « celui qui conduit, qui mène ».

Nous voyons ici aussi, la place différente du désir. Etre « artiste » de l'enseignement c'est se risquer, ne s'autoriser que de soi-même, à faire part à d'autres du désir de connaître, à leur faire signe. Ce n'est pas les conduire sur les chemins balisés d'un savoir pré-construit, au service d'un maître. En découvrant ces deux origines j'ai pensé à ce que nous enseigne Lacan, que je ne développerai pas ici, quant au savoir dans le discours du maître : savoir qui est celui de l'esclave au profit du maître, et le savoir dans le discours analytique qui tient à la vérité unique de chaque sujet, savoir inédit nécessitant un long travail personnel pour pouvoir y accéder.

Nous avons donc :

- soit l'écolier qui bénéficie de l'enseignement de l'instituteur dans le cadre de l'instruction publique.

- soit l'élève qui reçoit des acquis de son professeur, par le biais d'un projet pédagogique, au sein de l'éducation nationale.

Le terme *d'instruction* vient de « construction, disposition » d'après « in struire : assembler dans, outiller, équiper ». En 1200 « c'est mettre quelqu'un en possession d'une connaissance particulière », « mettre quelqu'un au courant de quelque chose » en 1549. C'est peu après la révolution française qu'a été mise en place cette organisation dans la société républicaine pour que se fasse *« L'instruction publique »* de la jeunesse.

Dans l'historique du mot *d'éducation* nous retrouvons la même différence d'intention que précédemment. Eduquer vient d'«élever, instruire ». « Educare, ducere : tirer à soi, conduire mener », ce verbe est dérivé de « dux, ducis : chef ». Au sens collectif il s'agit « d'éduquer le peuple », et il y a aussi l'usage dans le domaine des animaux, et là, il est employé comme synonyme de dresser. L'éducation a aussi trait aux bonnes manières : « apprendre à quelqu'un les usages de la société » et la notion de dressage s'entend dans la locution : « former le caractère, former l'esprit ».

Instruire tendait à fonder, construire pour un sujet, lui donner les outils nécessaires afin qu'il puisse se trouver son style particulier ; tandis qu'éduquer serait se donner des moyens pour développer un être, mais là avec une intention, en vue d'une visée relative à une norme.

Si j'ai réalisé ce détour historique c'est en souvenir du travail élaboré avec un groupe d'instituteurs, de l'énoncé de leurs difficultés à se trouver ainsi mis en demeure d'éduquer alors qu'ils avaient choisi ce métier d'instituteur, en lien avec la transmission qui s'était effectuée pour eux et qu'ils souhaitaient poursuivre. Ils m'ont appris à écouter, à être sensible à cette différence de position tant du côté de l'adulte enseignant que pour l'enfant écolier.

Cette évolution du discours global de la société entraîne une confrontation plus à vif entre enfants, professeurs et parents, créant et favorisant l'éclosion de torts imaginaires où vont se glisser l'émergence de souffrances, de sentiments de culpabilité, de rancoeurs amenant à terme l'impossibilité de travailler et au pire l'exclusion de l'enfant.

Le travail d'un « psy... à l'école » ne s'adresse pas seulement aux élèves. Nous sommes tous « écolier » face à l'expression d'une souffrance toujours nouvelle survenant chez un enfant. Freud nous recommande cette disposition d'esprit : que chaque cas soit comme le premier, de faire en sorte d'oublier le savoir antérieur, mais non pas d'être ignorant, d'être ouvert à l'écoute du nouveau même si cela peut ébranler la théorie qui est alors bonne à remanier.

Alors une des tâches du psychanalyste partant d'une interrogation dont il n'a pas la réponse sera de mettre au travail tous les intervenants et protagonistes : « Pourquoi cet enfant n'apprend-il pas ? Pourquoi ne peut-il aimer travailler ? Comment se situe-t-il face à ce savoir qu'il ne veut ou peut ingurgiter ? Quelle réaction suscite sa position ? » En bref comment remettre la petite goutte d'huile du désir dans cette situation ?

Pour certains enfants très réactifs à la perception du désir d'un adulte à leur égard, qu'ils perçoivent comme une volonté, comme un impératif, il s'agira d'inventer un nouveau mode de fonctionnement au sein de l'institution afin que cet aperçu du désir de l'Autre puisse s'estomper, perdre son caractère terrifiant et ne plus servir d'appui contre le désir d'apprendre.

Comment faire en sorte qu'apprendre soit pour l'écolier la possibilité de « se saisir par l'esprit » d'une situation, de données mises à sa portée pour faire l'acquisition d'idées abstraites, de connaissances et ainsi « devenir capable de quelque chose par l'expérience », et non pas d'appréhender au sens de l'appréhension qui entraîne une disposition à craindre un danger éventuel ?

C'est tout le trajet qu'a fait une institution où j'interviens actuellement pour passer de :

- « Lucas n'apprend pas à lire, il ne peut pas, il n'en a pas la possibilité, d'autant plus qu'il est issu d'un milieu extrêmement défavorisé ». Et ainsi la connaissance de ses difficultés familiales servait à baisser les bras face à l'impasse où se trouvait cet enfant.

- à « Lucas est intéressé par la vie des forains, ce thème sera utilisé par l'institutrice pour rejoindre Lucas là où est son désir ». La pédagogie classique source de blocage constant pour cet enfant depuis des années s'efface devant la notion de désir et de recherche de support permettant qu'un objet soit interlocuteur entre l'adulte et Lucas qui avait beau jeu à s'opposer au désir énoncé de façon trop directe.

Ce changement illustre ce qui fonde mon propos et mon titre : « Comment dire ? Comment-taire ? », la place de la parole du psychanalyste et du psychologue scolaire face à l'enseignant ayant la responsabilité d'un écolier.

Il ne s'agit pas, à mon sens, pour aider un instituteur, de dévoiler les drames familiaux vécus par un enfant, drames qui serviraient d'excuse à tout un chacun pour pencher vers l'apathie, la dépression, l'impuissance. Chaque sujet rencontre au cours de sa vie des événements du réel qui n'étaient pas prévisibles, qui feront traumatismes, qui laisseront une marque, qui auront une incidence dans son avenir. De ces rencontres dites traumatiques personne ne peut en décider, ni les prévenir. Mais ce qui est ensuite possible c'est d'en tirer une conclusion où le choix que fera le sujet n'est pas indifférent quant aux conséquences. Cette décision du sujet est éthique et peut tout à fait être soutenue par des personnes à qui il s'adresse.

Témoin cette jeune fille : Catherine, dite débile, ayant eu pendant des années cette position : « Je ne sais rien, on ne m'a rien appris ». Mettre en question son postulat a été l'intervention du psychanalyste jusqu'à arriver à un effet de sujet. Catherine ajoutant alors « ça m'angoisse ». Ici Catherine a été dérangée de son confort, solution qu'elle avait inventée avec de bonnes raisons dans sa petite enfance, mais qui a été refusée par l'institution qui l'a accueillie ensuite, aidée par l'éclairage analytique. Un sujet qui décide de ne plus rien savoir est guidé par l'inertie, la pulsion de mort, il laisse aller sa vie dans les mains des autres qui savent et décident pour lui. Voilà pourquoi un psychanalyste ne peut pas soutenir cette position d'ignorance et travaillera en lien avec l'école pour remettre le sujet en marche, le remettre au travail.

Catherine a réalisé au sein de sa cure ce qui l'avait amenée à faire ce choix vital à un moment de sa vie. Elle s'est réappropriée un désir de savoir ce qui lui est arrivé, même si cela a été pénible et éprouvant pour elle. Parallèlement elle a demandé à apprendre à écrire, à compter et cela a été mis en place par une aide orthophonique mais sans qu'aucune donnée de son histoire ne filtre au dehors de sa cure. Si elle a pu demander à apprendre ce qu'elle n'avait pu faire jusqu'alors, c'est en déliant l'association qu'elle avait faite entre les méandres de son histoire et les acquisitions scolaires. Tout ce qui était du côté d'apprendre était dans le même panier, et elle ne voulait rien en savoir. En ayant ouvert la boîte de Pandore qui lui faisait si peur elle a pu faire le tri et elle peut dorénavant s'appuyer sur ses connaissances pour s'orienter dans ce monde où elle avait si peu de repères.

Mais d'où vient donc le désir de savoir ? Est-il spontané ? Comment l'esprit vient-il aux enfants ? Voilà les questions qui orientent les psychanalystes en rencontrant des sujets inhibés et les partager avec vous relève aussi à mon sens de notre collaboration commune.

Tournons-nous vers ce que nous a enseigné Freud. Dans « Les trois essais sur la théorie de la sexualité »[26] il nous parle de « la pulsion de savoir » liée à la curiosité infantile basée sur cette question fondamentale : « d'où viennent les enfants ? ». Le petit enfant se forgera diverses théories dites « théories sexuelles infantiles », ce sont ses premiers pas de chercheur. S'il cherche c'est qu'il n'a pas la réponse, qu'il ne croit pas aux contes des adultes. Puis ce petit enfant grandit et il échoue à trouver la bonne réponse qui le satisferait, c'est son premier échec intellectuel. Il refoule alors cette question, entre dans la période de latence et se tourne vers d'autres intérêts.

C'est à ce moment que cette pulsion épistémophilique peut avoir plusieurs sortes de destin. Ecoutons Freud nous l'exposer dans « Un souvenir d'enfance de Léonard de Vinci » :[27]

« Il en découle pour le destin ultérieur de la pulsion d'investigation trois possibilités différentes provenant de sa connexion précoce avec les intérêts sexuels. Ou bien l'investigation partage le destin de la sexualité, l'avidité de savoir reste alors inhibée et la libre activité de l'intelligence limitée, peut-être à vie, d'autant plus que, peu de temps après, de par l'éducation, entre en jeu la puissante inhibition de la pensée due à la religion. Tel est

[26] Sigmund FREUD : « Trois essais sur la théorie de la sexualité » p.90. Ed. Gallimard Idées 1981.
[27] Sigmund FREUD : « Un souvenir d'enfance de Léonard de Vinci » Ed Gallimard N.R.F. 1997

le type de l'inhibition névrotique. Nous comprenons fort bien que la faiblesse de la pensée acquise de cette façon favorise activement le déclenchement d'une affection névrotique. Dans un deuxième type, le développement intellectuel est suffisamment vigoureux pour résister au refoulement sexuel qui le harcèle. Quelque temps après la disparition de l'investigation sexuelle infantile, l'intelligence, une fois fortifiée, offre, en souvenir de ses anciens liens, son aide pour contourner le refoulement sexuel, et l'investigation sexuelle réprimée revient de l'inconscient, sous forme de compulsion de rumination, déformée certes et non libre, mais suffisamment puissante pour sexualiser la pensée elle-même et pour imprimer aux opérations intellectuelles la marque du plaisir et de l'angoisse inhérente aux processus sexuels proprement dits. L'investigation devient ici une activité sexuelle, qui souvent en exclut toute autre ; la sensation de la liquidation sous forme de pensées, de la décantation, est mise à la place de la satisfaction sexuelle ; mais le caractère de l'investigation infantile, qui est de rester sans conclusion, se reproduit également dans le fait que la rumination ne trouve jamais de fin et que la sensation intellectuelle de solution, que l'on recherche, s'éloigne toujours davantage.

Le troisième type, le plus rare et le plus parfait, échappe, grâce à une disposition particulière, à l'inhibition de la pensée, tout comme à la compulsion névrotique à penser. Le refoulement sexuel intervient certes ici également, mais il ne réussit pas à renvoyer dans l'inconscient une pulsion partielle du désir sexuel ; au contraire la libido se soustrait au destin du refoulement en se sublimant dès le début en avidité de savoir et en s'associant à la puissante pulsion d'investigation, en tant que renfort. Ici encore, l'investigation devient en quelque sorte compulsion et substitut de l'activité sexuelle, mais, par suite de la totale différence de nature des processus psychiques sous-jacents (sublimation au lieu d'irruption hors de l'inconscient), les caractéristiques de la névrose sont absentes, l'assujetissement aux complexes originels de l'investigation sexuelle infantile fait défaut, et la pulsion peut agir librement au service de l'intérêt intellectuel. Elle tient encore compte de ce refoulement sexuel qui l'a rendue si forte par l'apport de libido sublimée, en évitant de s'occuper de thèmes sexuels ».

Un point que je souhaite souligner dans ce processus c'est l'émergence chez l'enfant de la question autour du désir de ses parents, celui qui existe entre eux deux : pourquoi s'aiment-ils ? Pourquoi ont-ils voulu avoir des enfants, lui en l'occurrence ?

L'enfant fait une supposition : c'est que l'Autre connaît la réponse à ses questions et que s'il ne la lui donne pas c'est qu'il est un menteur ou qu'il ne veut pas lui en faire part. Mais en fait, le langage ne peut pas tout dire sur cette énigme de la jouissance, c'est la faille propre au symbolique, là où les mots s'arrêtent, c'est une limite, limitation de la parole. Limitation mais en même temps ouverture vers la pensée où se trouve la liberté puisque ce qui ne peut pas être transmis par l'Autre reste à inventer. C'est là où un jeune sujet va faire l'épreuve et la preuve de son intimité, de son indépendance de pensée. C'est là qu'il ne sera plus le perroquet de l'Autre et qu'il abordera la création théorique personnelle. Mais il fera en même temps l'expérience de la solitude enrichissante ou douloureuse suivant les cas. C'est ainsi qu'il advient comme sujet de la parole ayant accès au savoir tout en établissant une séparation entre ce qui vient de l'Autre et ce qui lui est propre.

Pour que surgisse cette pensée personnelle il y a nécessité d'énigme.

Alors qu'en est-il pour les petits sujets confrontés à des scènes sexuelles soit en tant que spectateur, soit en tant que victime abusée ? L'enfant faisant cette rencontre est pris dans la fascination, l'horreur devant l'excès de jouissance parce qu'il n'a pas de mots pour le penser et qu'il en est réduit à être là en tant qu'objet. Il n'y aura plus de recherche d'un ignoré pour cet enfant là. Soit il sera fixé, pétrifié par cette scène, soit il ne cherchera pas à savoir encore puisqu'il est mis devant le fait d'en savoir trop. Il est à noter que les scènes de violence conjugale et familiale peuvent avoir le même impact. Alors un long détour peut être nécessaire pour ces sujets chez qui s'est réalisé « une effraction du fantasme » comme l'énonce Jacqueline Dhéret.

Je pense à Frédéric qui se raconte inlassablement des contes de fées et de sorcières qu'il invente sans fin. Mais à l'école pendant longtemps il n'a rien voulu apprendre. Son instituteur, non averti, avait tendu une oreille complaisante aux malheurs de Frédéric et s'était fait le défenseur de cet enfant maltraité par la vie. Cette écoute dans l'idée généreuse de lui apporter un allègement de la souffrance existentielle n'a pas été bénéfique à Frédéric. Plus il se répandait dans ses avatars, moins il apprenait. Une réorientation du travail s'est faite pour cet enfant : qu'à l'école il soit écolier mis en demeure de travailler comme tout le monde, sans s'appesantir sur son cas. Il avait un lieu de parole où s'épancher si besoin était. Mais en fait il ne s'est jamais s'agit de cela dans ce lieu : là il était au travail d'invention pour broder le trou de l'effraction. Là il voulait devenir écrivain pour faire lire aux autres ses histoires inventées où entre autre un petit garçon était devenu un monstre parce qu'il avait voulu voir ses parents tout nus. Il m'a dicté ce « livre » et est reparti tout content à l'école, voulant apprendre à écrire sur l'ordinateur pour publier son oeuvre et la diffuser. Il veut un jour se faire éditer et pose beaucoup de questions à ce propos. Ma position n'a pas été de retenir dans le lieu de la cure ce savoir produit, mais de le laisser disposer de ce qui lui appartenait.

Frédéric a aussi retrouvé une question : « Comment devenir écrivain ? Comment se faire éditer ? » qui remplace son absence de question quant à l'origine des enfants.

Pour avoir envie de savoir il faut donc qu'il y ait de l'insu tant pour le sujet que pour l'Autre auquel il s'adresse. Susciter un désir de savoir ne peut se faire que chez un sujet questionneur rencontrant un Autre qui en sait un peu plus, mais pas tout, qu'il y ait de part et d'autre une part d'énigme qui soit préservée.

Ce qui fera le désir chez l'enseignant c'est cette part d'insu, de possibilité d'émerveillement à l'écoute d'une réponse inattendue produite par un enfant. Un savoir susceptible d'être transformé sera vivant et n'entraînera pas l'ennui cause d'anorexie scolaire face à une trop grande maîtrise.

Qu'un nouvel Autre ne sache pas tout de la vie de l'enfant est la chance pour celui-ci qu'une autre forme de lien s'instaure dans cette rencontre neuve en dehors de la famille.

C'est là où la différenciation des espaces de parole offerts à l'enfant, des registres : éducatif, thérapeutique, pédagogique me parait une donnée incontournable pour l'éveil du sujet. Mais différenciation ne signifie pas que chacun oeuvre dans son coin. Car il s'agit là de réfléchir, au cas par cas, à la forme de travail intellectuel à proposer à chaque enfant en tenant compte de sa structure, du point où il en est, de son style particulier.

Voyons l'élaboration commune qui s'est réalisée pour plusieurs enfants dont les institutrices m'ont contactée.

* Lisa est une petite fille extrêmement angoissée, il semble qu'elle soit psychotique, elle ne peut élaborer l'absence. Elle se promène dans l'institution avec son album de photos où est en évidence son père qu'elle connaît peu et qu'elle montre à tout le monde. Evidemment elle a emmené son album à l'école et se plonge dedans dès que l'institutrice s'occupe d'un autre. Elle ne peut rien faire sans la présence de l'adulte, soutien pour son travail. Elle tombe en panne dès qu'il y a absence de ce soutien de l'Autre. Il est dit à Lisa que la place de l'album de famille est sur son lieu de vie, que son père, même en photo, ne va pas à l'école avec elle. Et pour matérialiser cette absence que Lisa n'éprouve pas, puisqu'elle est comme déconnectée dès qu'elle est seule, je propose à l'institutrice de continuer à lui proposer un travail à effectuer en dehors de sa présence directe, mais

de laisser un espace blanc dans le cahier lorsqu'elle revient vers elle pour que le manque puisse être marqué, qu'il s'inscrive donc qu'il ne soit plus inexistant. La psychanalyse nous donne cette clé qui a orienté ma réflexion et ma réponse : que le manque est fondateur, que les psychotiques n'y ont pas accès comme les névrosés, et qu'il faut donc inventer une solution à ce manque de manque.

* Laetitia est agitée en classe, elle raconte des histoires extraordinaires et incohérentes où elle est la victime d'une famille horrible, elle se présente comme un personnage inauthentique, elle a un masque de tristesse. Par contre, si elle peut s'asseoir et se mettre à travailler elle s'apaise et sa pensée devient plus construite, elle prend même plaisir à apprendre. L'institutrice était soucieuse de la tristesse apparente de cette enfant. Laetitia a effectivement une famille absolument incohérente, et elle fait un travail extraordinaire pour se construire une personnalité de suppléance face au vide d'identification structurante de son entourage. L'institutrice a été soulagée de savoir qu'elle n'y était pour rien dans l'apparence de tristesse de Laetitia, que sa façon d'être : jouer des rôles lui est nécessaire et qu'elle peut l'inciter à travailler, à apprendre, ce qui lui donne des repères symboliques. Grâce à ce travail commun Laetitia commence à s'enhardir en mathématiques, ce qui est signe d'une structuration en cours.

* Pour Dimitri cette mise en place d'une structuration ne s'est toujours pas réalisée. Les demandes d'un Autre sont parfois vécues par lui comme des ordres impératifs

qu'il ne peut assimiler, il se noie alors dans des gestes et des paroles répétitives, signe que l'angoisse le submerge. La position à tenir face à lui est celle d'une réassurance en douceur, tout en l'empêchant de se noyer dans ses stéréotypies, en le sollicitant par la parole quand il ne peut pas travailler afin qu'il ne se mette pas en retrait.

Voilà quelques exemples de collaboration où il m'est tout autant précieux de découvrir la façon d'être écolier des sujets que je reçois en cure que de pouvoir apporter une indication à leurs instituteurs. A partir du moment où chacun se tient à sa place, dire ce qu'on a appris au contact d'un enfant pour qu'un autre professionnel puisse bénéficier de ce savoir faire avec ce sujet particulier ne peut être qu'enrichissant et procurer un soulagement à toutes les personnes en cause. Connaître les autres intervenants c'est aussi les découvrir et pouvoir se faire confiance mutuellement.

Ainsi, dire, c'est élaborer ensemble sur le sens du symptôme présent à l'école, évaluer s'il s'agit d'une modalité du sujet à respecter où d'une manifestation qui est à modérer. La visée de cette mise en commun est de ne pas laisser l'enfant s'installer dans des processus de renoncement qui rétrécissent sa pensée.

Taire pour le psychanalyste c'est non seulement respecter l'intimité de l'enfant mais aussi tirer des conclusions de la connaissance acquise quant à ce sujet pour pouvoir établir une direction de la cure et pouvoir ainsi proposer une orientation pour les autres domaines de la vie de cet enfant. Savoir se taire n'est pas garder le silence, ce n'est qu'un temps de l'écoute, à charge pour l'analyste d'être enseigné par le sujet qu'il reçoit et pouvoir transmettre à d'autres ce qu'il a appris.

Tel François qui restait dans la même classe où l'institutrice s'essayait depuis un certain temps à lui faire acquérir les pré-requis de lecture, dans une démarche de fractionnement des mots ou d'exercices à trous. François se désintéressait de plus en plus de cet apprentissage. Par contre dans la cure, il était dans un processus de construction. D'une position de refus vis-à-vis de l'Autre il était passé à un plaisir à faire part de sa vivacité d'esprit. Ce qui était tout à fait notable, c'est sa méthode où le sens devait être global et où il ne fallait pas qu'apparaisse la notion de trou, impossible à concilier pour lui. Sa façon de travailler était ainsi bien repérable. La connaissance de son histoire peut rendre compte de la nécessité de ce processus mais n'apporte pas plus d'éléments pour le conseiller dans ce qu'il a trouvé lui-même et où il est souhaitable de le suivre. A partir de ce constat de sa manière d'apprendre il a été décidé conjointement avec l'institutrice de tenter de l'admettre dans la classe supérieure. François a maintenant retrouvé le goût d'apprendre en classe et il met les bouchées doubles pour acquérir la lecture.

Par contre, il est toujours difficile de contenter sa mère, vivant seule avec son fils, et dans une grande défiance à l'égard des personnes chargées de son enseignement.

La connaissance et l'écoute des parents par l'analyste peut, dans la mesure du possible, permettre une détente entre l'instituteur et ses derniers. L'instituteur faisant part aux parents en toute honnêteté des difficultés rencontrées par leur enfant peut, sans y mettre d'intentionnalité, blesser les parents qui ont mis tout leur espoir dans la réussite de leur progéniture et de ce fait ne peuvent entendre qu'il y a une faille dans leur rêve. Cette situation est éminemment douloureuse pour chacun et la plus grande prudence est de mise pour tenter de la pacifier.

Dans tous les cas si l'enfant s'est saisi de l'offre de l'école, il a pu se constituer un espace d'accès au savoir à la fois intime et social, il est l'écolier et non plus simplement l'enfant de la maison. Tout comme il ne souhaite pas forcément que son instituteur connaisse sa vie privée, il peut aussi désirer que ses parents ne soient pas tenus au courant de tous ses faits et gestes. Etre écolier c'est tenir sa place au sein de la communauté, c'est devenir citoyen, rendant compte de ses actes face à cette institution de l'école, c'est se dégager de la seule emprise parentale. C'est dans ce lieu que l'enfant fera l'expérience d'une forme d'indépendance, sorti des habitudes familiales. L'instituteur a aussi à se taire parfois pour « ne pas lui casser sa baraque », mais il mettra l'enfant face à ses responsabilités.

J'espère qu'à travers ce parcours non exhaustif, j'ai pu vous faire part de mon enthousiasme à écouter chaque jeune sujet, à travailler avec les instituteurs dans la découverte toujours surprenante de chaque enfant avec ses failles, ses inventions.

Le désir de l'analyste est d'oeuvrer à ce que celui qui vient le rencontrer puisse trouver la voie à chaque fois unique de son propre désir. La difficulté particulière de chaque sujet suscite la mise au travail, « cent fois sur le métier remettez votre ouvrage », dans l'idée d'avancer même si c'est en boitant. « Boiter n'est pas pêcher » dit Freud à la fin de son essai « Au-delà du principe de plaisir » traitant de la découverte de la pulsion de mort.

Ce qui est pêcher nous dit Lacan c'est de se laisser aller à la dépression, à la tristesse en ne tentant pas de se repérer dans ce qui se présente à nous, en prenant le parti de se taire, de ne plus faire l'effort de « bien-dire ».

Références bibliographiques

BOKSZTEJN Olga (1997) L'école et le désir de savoir dans *La psychanalyse au pays des institutions* A.C.F. Ile de France Bibliothèque Confluents ,

CORDIE Anny (1998) *Malaise chez l'enseignant* . Paris. Seuil

LACAN Jacques. Séminaire XVII, *L'envers de la psychanalyse*, Ed Seuil 1991

PLATON *Le dialogue de Menon* . Garnier Flammarion

Revue *El nino n°3* Revue du Champ Freudien Automne 1996 ; Dossier : « Que veulent savoir les enfants »

Des pratiques de psychologues

dans l'école

Approches psycho-sociales en psychologie scolaire : des pratiques alternatives pour remplir toutes les missions du psychologue

Jean Claude GUILLEMARD *

Les mutations de la société française ont modifié le contexte dans lequel s'inscrit l'école et celle-ci tente non sans peine de répondre aux interpellations du corps social qui réclame sa transformation. Les psychologues scolaires tout comme les autres agents de l'école sont concernés par cette problématique du changement et ils reçoivent des demandes toujours plus nombreuses et variées tant de la part des enseignants et des familles que des jeunes eux-mêmes. L'insatisfaction de nombreux psychologues scolaires, qui constatent l'impossibilité de remplir leurs missions, va de pair avec une insatisfaction d'une partie

**Psychologue Scolaire*

des usagers et des représentants de l'institution[28]. A cette situation de blocage on peut associer divers facteurs explicatifs mettant en question le modèle majoritaire d'exercice de la psychologie scolaire, modèle d'intervention clinique individuelle utilisée dans les institutions de consultation et de soin psychologique.

Avec ce modèle de référence, le traitement du nombre croissant des demandes suppose une augmentation de l'effectif des praticiens et/ou une augmentation significative du temps d'intervention de chaque praticien ce qui, dans la période actuelle (tendance à la réduction des dépenses de l'état d'une part et à la réduction du temps de travail d'autre part) semble peu réaliste. En outre, face aux nouvelles demandes qui sont faites par l'école concernant le traitement des incivilités, des violences individuelles et collectives, des maltraitances et des abus sexuels, la gestion organisationnelle de l'école, la communication interne, l'épuisement professionnel et la santé mentale des enseignants, le développement de projets innovants, l'effet des nouvelles technologies sur la motivation et les apprentissages etc... on peut concevoir que le modèle dominant encore actuellement la pratique psychologique à l'école s'avère quantitativement et qualitativement inadapté.

Dans l'exposé qui suit on tentera de montrer que le psychologue exerçant en milieu éducatif peut intervenir différemment, et qu'à une conception de l'intervention centrée sur l'enfant signalé, on peut opposer une

---

[28] Le rapport de la mission d'Inspection Générale dirigée par M.Gossot (1997) faisait état de ces insatisfactions. Les observations et les recommandations ont été reprises et précisées dans le rapport Ferrier (1998)

intervention utilisant les interactions entre un sujet et son environnement comme moteur du changement individuel et collectif. On soulignera qu'une telle conception favorise l'exercice de *toutes les missions* définies dans la circulaire de 1990 et qu'elle est particulièrement cohérente avec une politique de prévention primaire.

Cette conception de la pratique du psychologue en milieu éducatif se fonde sur un modèle théorique tel qu'il apparaît dans le tableau 1 ci-après .

Dynamique du social

Niveau de l'environnement global
(planétaire)
↑
Niveau de l'Institution
(l'Ecole, la Nation, l'Etat, l'Eglise, le Parti)
|
Niveau de l'Organisation
(l'école, la municipalité, la section d'entreprise…)
|
Niveau du Groupe
(la famille, la communauté, la bande….)
|
Niveau de l'Individu
↓
Pôle socio-éducatif<---> Pôle cognitivo-affectif
(substrat neuro-biologique)

Construction des représentations sociales
(psychologie du sens commun)

Si on considère que le rôle essentiel du psychologue est d'être un agent de changement, ce changement pourra être envisagé en position « intra » comme en psychothérapie individuelle qu'elle soit psychanalytique, comportementale ou cognitive, ou en position « inter » comme en thérapie familiale systémique (Selvini-Palazzoli, 1980) ou dans la perspective de l'éco-psychologie (Barker,1968). C'est cette position qui est adoptée dans cet exposé ; elle procède d'ailleurs de l'évolution historique de la psychologie scolaire telle qu'elle a été observée au cours de ce siècle (Benyamini1977) passant d'un modèle centré sur l'élève en difficulté (psychotechnique du début du siècle), à un modèle centré sur la famille (psychanalyse des années 50) puis à un modèle centré sur les relations avec le groupe des pairs (psychologie des relations humaines) et enfin à un modèle centré sur l'interaction entre l'élève et les ressources de sa communauté (psychologie organisationnelle et ressources humaines).

Pour illustrer cette psychologie des interactions, on présentera plusieurs types d'interventions ciblées respectivement sur les élèves, sur les enseignants et sur les parents et autres agents éducatifs.

INTERVENTIONS CIBLEES SUR LES ELEVES

Aide à la gestion de groupes difficiles : instauration ou restauration de la cohésion du groupe

Cette pratique concerne des classes élémentaires de cycle III et intervient dans un contexte de signalement par les maîtres d'un nombre important d'élèves manifestant des troubles du comportement, signalement assorti de commentaires sur une classe perçue comme difficile, fatigante, ingérable... Après plusieurs observations de la classe en situation et plusieurs entretiens avec le maître pour lui faire préciser les difficultés rencontrées, le psychologue propose d'organiser des discussions par demi-classes (environ 12 élèves) sur le thème du climat de la classe. La technique est celle de l'interview de groupe. Les réunions ont lieu chaque semaine pendant une heure. Le maître de la classe pendant ce temps travaille normalement avec l'autre demi-groupe (souvent en bibliothèque)[29]. L'objectif des réunions est à la fois de clarifier les causes de tensions dans la classe, mais également d'acquérir des compétences sociales (écouter les autres, demander la parole, s 'exprimer clairement pour être compris, être capable de reprendre les arguments présentés par les uns et les autres et de les synthétiser, prendre des notes et faire un rapport...). Chaque demi-groupe rencontre le psychologue tous les 15 jours. Une synthèse est faite après deux réunions en séance plénière de toute la classe avec le maître. Le psychologue a aidé les rapporteurs à établir leur rapport et les soutient dans leur présentation devant la classe. Des élèves et le maître prennent la parole pour commenter ou critiquer le contenu des rapports. Pour les deux séances suivantes, les groupes sont modifiés (chaque demi groupe partagé en deux est combiné avec l'autre demi-groupe). Les conclusions des premiers rapports sont examinées, et les élèves sont invités à faire des propositions selon un modèle de brainstorming pour faciliter les communications dans la classe. Une nouvelle séance plénière est organisée selon la même procédure que précédemment. Dans la mesure où les participants (y compris le maître) se déclarent satisfaits des nouvelles conditions de vie dans la classe (intervention

[29] Cette technique est inspirée de celle mise en œuvre par le groupe Desgenettes pour des élèves de collège ou de lycée, avec toutefois des différences, notamment la présence d'un seul psychologue prenant alternativement les groupes.

n°1 CM2) l'action est arrêtée, le psychologue demandant seulement à rencontrer la classe à la fin de l'année (avant les vacances de Noël) pour évaluer le changement à l'aide d'un questionnaire aux élèves et au maître (en fait un entretien avec liste de questions).

Dans une autre intervention, les élèves ont exprimé le besoin de faire une troisième série de réunions avant d'arrêter. Dans les deux cas, les maîtres - sur la suggestion du psychologue de créer une instance de parole et d'échanges dans la classe - ont proposé d'organiser un *« comité d'usagers »* intitulé conseil de la classe dans un cas et conseil (sans qualificatif) dans l'autre qui a fonctionné jusqu'à la fin de l'année scolaire comme instance de régulation et de traitement des conflits internes et externes en se réunissant à la fin de chaque semaine (y compris dans une des classes pendant une absence longue du maître titulaire, les élèves ayant convaincu le maître remplaçant de poursuivre l'expérience). Le conseil de la classe réunissait tous les élèves, alors que le conseil réunissait 5 délégués (tournant de façon à ce que chaque élève ait été au moins une fois délégué) avec le maître.

Organisation de groupes de parole et entretiens individuels

Cette intervention (renouvelée plusieurs années de suite) est partie d'une institutrice qui avait demandé au psychologue de venir présenter son métier aux élèves de son CM1. Son initiative venait du fait qu'elle avait entendu des moqueries à l'égard d'un élève qui rencontrait le psychologue dans un cadre de suivi psychologique. L'institutrice avait préparé l'intervention en demandant aux élèves de rédiger des questions qui avaient ensuite été regroupées et adressées au psychologue avant son intervention. A la suite de l'intervention et des réponses du psychologue, plusieurs élèves ont demandé s'ils pouvaient avoir un entretien individuel et l'institutrice a demandé au psychologue s'il accepterait de discuter avec des groupes d'élèves qui avaient des difficultés communes, soit d'adaptation scolaire (comportement) soit d'apprentissage et/ou de méthodologie et d'organisation de leur travail. Le psychologue a accepté la suggestion de l'institutrice et a rencontré 2 ou 3 fois dans l'année des groupes de 3 ou 4 élèves pour parler non seulement des problèmes techniques d'organisation du travail qui avaient servi de déclencheur de la demande mais également de problèmes plus généraux de projets scolaires et de rapport aux savoirs. En ce qui concerne les élèves qui souhaitaient avoir un entretien individuel avec le psychologue, l'institutrice a pris contact avec les parents de ces élèves pour leur expliquer la démarche et obtenir leur accord. Une seule fois une famille a demandé à rencontrer le psychologue avant l'entretien avec son enfant. Pour une enfant plusieurs entretiens ont eu lieu à sa demande et finalement une consultation familiale (mère enfant) a conclu positivement le problème à l'origine de la demande d'intervention. Les années suivantes la même procédure a été suivie entraînant des demandes variables d'interviews de groupe et d'interviews individuels.

Intervention collective liée à des thèmes de prévention et d'éducation à la santé

Ce type d'intervention est lié à une compétence spécifique du psychologue qui a une expérience (et une formation) dans le domaine des actions de prévention du

Sida en milieu scolaire[30]. Les interventions devant le groupe des élèves ont généralement eu lieu en équipes pluridisciplinaires (médecins scolaires, de PMI, du centre de planification familiale) et utilisaient un matériel (vidéo, bandes dessinées, affiches) et des techniques acquises au cours de formations spécifiques (ex photo-langage) ou plus classiques (conduite de réunion, animation de groupe, jeux de rôle etc...). Dans certaines circonstances, le psychologue est intervenu avec l'enseignant.

Des procédures analogues sont utilisées pour des actions de préventions et d'éducation à la santé plus globales (dans le cadre d'un projet d'école) concernant les conduites addictives (tabac, alcool, drogues...) ou plus ciblées sur la prévention des maltraitances et/ou des abus sexuels (plan en cours 1998-1999).

INTERVENTIONS DIRIGEES VERS LES ENSEIGNANTS

Groupes de réflexion sur la pratique

Ces groupes peuvent être organisés dans le cadre des animations pédagogiques institutionnalisées ou de manière spontanée en dehors des horaires de travail en réponse à une demande d'un groupe d'enseignants. Dans le premier cas un travail d'information de l'I.E.N. sur les compétences du psychologue est nécessaire et si la proposition correspond à un besoin des enseignants, il convient alors de construire un projet bien structuré.

---

[30] L'auteur a participé à toutes les universités d'été de l'AFPS sur ce thème et a conduit des actions au plan local, national et international (cf.bibliographie)

L'auteur a l'expérience de groupes concernés par le thème « enfants difficiles, enfants en difficulté ». La demande initiale des enseignants était : comment faire avec des enfants « ingérables » ? La technique consistait en présentation de cas. Le psychologue animateur facilitait l'expression des participants. Le groupe jouait un rôle de support affectif mais également technique en faisant par exemple des suggestions d'organisation de la classe ou en proposant des modèles de conduites à tenir à partir des expériences positives et négatives de chacun. L'évaluation (par questionnaire) en fin d'année montrait que les participants retiraient de grandes satisfactions de ces séances. Plusieurs déclaraient qu'elles les avaient aidés à résoudre un problème qui a priori leur était apparu comme insoluble. Tous soulignaient l'intérêt de ce travail de groupe pour lutter contre le stress et l'épuisement professionnel. Des observations ultérieures et des entretiens avec d'anciens participants à ces groupes ont montré que pour un nombre significatif d'entre eux, la représentation de l'élève difficile avait changé grâce notamment à une prise de distance par rapport aux situations rencontrées. La perception de la relation décrite dans la première séance comme une agression (et la plupart des enfants présentés étaient d'abord décrits comme agressifs), évoluait souvent vers une perception d'une souffrance de l'enfant exprimée sur un mode inadapté et permettait un recadrage de la relation avec cet enfant .

Animation et information sur thème

Ce type d'intervention est à mettre en parallèle avec les interventions auprès des élèves sur des thèmes d'éducation à la santé. Elles peuvent s'inscrire dans le cadre des séances d'animation pédagogiques prévues dans l'horaire des enseignants. Dans mon expérience, elles ont concerné des exposés débats sur des thèmes tels que l'intégration d'un élève handicapé, la prévention du sida et des MST, la prévention des conduites à risques, la prévention des maltraitances et des abus sexuels. Les séances d'animation ont été organisées soit seul, soit le plus souvent en coopération avec des médecins (cf le groupe de travail médecins/psychologues de l'Essonne-Sud constitué en vue de la sensibilisation des enseignants avant la diffusion du « passeport pour la prudence » diffusé par le Ministère de l'Education Nationale et le Ministère de l'Emploi et de la Solidarité)[31]. Ces interventions peuvent concerner des personnels non enseignants tels que A.T.S.E.M., aides éducateurs (emplois-jeunes), animateurs de cantine, garderie, centre de loisirs, assistantes maternelles de crèche municipale.

Intervention auprès des parents d'élèves

Ce type d'intervention peut avoir lieu à la demande des parents d'élèves (notamment des associations de parents). Elles peuvent consister - comme pour les enseignants - en exposés d'information avec débat et/ou en groupes de parole libre. Dans mon expérience, c'est à la suite d'une table ronde organisée par un conseil d'école sur le thème du projet d'école « être bien dans sa tête et dans son corps pour bien apprendre », table ronde à laquelle participaient des médecins, des enseignants et le psychologue scolaire

[31] Le matériel utilisé pour ces interventions (vidéo, bande dessinée et livret pédagogique) est édité par l'AISPAS à St Etienne.

du secteur, qu'une demande de groupe de parents a été formulée. Le psychologue a suggéré le thème pour une première réunion et ensuite les thèmes ont été choisis par les participants eux-mêmes (la télévision, conflits entre frères et sœurs, punitions et récompenses etc…). La difficulté est souvent de faire participer une majorité de familles à ces discussions. Il est souvent opportun de s'appuyer sur les organisations locales (par exemple organisations de quartier ou organisations spécialisées comme les A.S.T.I. pour les familles étrangères). Il convient alors de préparer les animateurs de ces organisations comme des partenaires. Dans le cas d'intervention auprès des familles étrangères, un ou des traducteurs bénévoles sont utiles et il convient que ces traducteurs aient bien compris les objectifs afin de les retransmettre dans les meilleures conditions possibles. Pour mener à bien ces actions le psychologue a besoin, outre son expérience personnelle et professionnelle, de maîtriser les techniques de conduite de réunion et d'interview de groupe.(cf. bibliographie)

Approche psychosociale et aide aux élèves en difficulté

Les interventions sur les groupes et dans l'organisation de l'école n'excluent pas la mise en pratique dans l'application de la mission 1 à propos des élèves en difficulté, de stratégies d'aides fondées sur les interactions entre l'élève et son milieu proche. La technique de la consultation collective (Guillemard 1997) qui donne au psychologue un rôle de médiateur dans le système de communication institué par l'enfant, ses parents et son maître du moment illustre cette modalité. Néanmoins, la modification à l'intérieur de ce système sera facilitée par l'existence d'un environnement (classe, école, quartier) souple dans lequel la communication s'appuiera sur des structures d'échanges et de construction de projets en commun.

CONCLUSION

L'approche psychosociale en psychologie scolaire permet d'ouvrir le débat sur la problématique de l'identité professionnelle du psychologue à l'école. Il est soutenu ici que le terrain d'exercice définit la perception de l'utilité sociale du psychologue par l'environnement (usagers et représentants de l'employeur). La manière d'être psychologue, qui dépend de facteurs divers tels que la conception du monde et des rapports sociaux, de l'expérience individuelle antérieure et des options de formation choisies, va largement influencer les relations professionnelles du psychologue scolaire. L'analyse des besoins exprimés ou observés sur le terrain de l'éducation conduit à affirmer que l'approche clinique individuelle, largement surévaluée par les psychologues mais aussi par les usagers ne répond qu'à une petite partie de ces besoins. Lorsqu'un nouveau psychologue arrive dans un secteur, la représentation de son rôle est généralement faite de stéréotypes et l'image de l'homme (ou plus généralement de la femme) à mallette et chronomètre ou de sondeur d'âmes demande une démarche active pour être modifiée. Il est clair que le psychologue scolaire a peu de chance d'être invité dans une commission municipale de concertation avec les futurs usagers d'un groupe scolaire en projet, s'il n'a pas fait état de son intérêt ou de son expertise pour la psychologie de l'environnement. Pour ouvrir la discussion avec un brin de provocation, je dirai que le psychologue scolaire serait mieux préparé à aborder les problèmes qu'il aura à résoudre avec comme formation de base un DESS de psychologie du travail ou de psychologie de l'environnement plutôt qu'un DESS de psychologie clinique et pathologique. Et pour relativiser cette position un peu caricaturale, j'ajouterai que dans un milieu aussi banal (donc aussi complexe) que l'école, il convient de disposer de plusieurs grilles de lecture des comportements psychosociaux pour devenir un acteur du changement.

Références bibliographiques

FISCHER G.N. (1990) *Les domaines de la psychologie sociale ; le champ du social* Dunod, Paris.

FISCHER G.N. (1992) *Les domaines de la psychologie sociale, la dynamique du social* Dunod, Paris.

FISCHER G.N. (1992) *Psychologie sociale de l'environnement*, coll Pratiques sociales,Privat, Toulouse

LEVY-LEBOYER C. (1974) *Psychologie des organisations*, PUF, le psychologue, Paris.

MAILLET L. (1988) *Psychologie et organisations ; l'individu dans son milieu de travail,* Vigot

PETIT F. (1991) *Introduction à la psychosociologie des organisations* ; coll ; Pratiques sociales, Privat, Toulouse.

MASCLET G (1997) Evaluation du contexte organisationnel , pp 223-235 in GUILLARD & GUILLEMARD, *Manuel pratique de psychologie en milieu éducatif*, Masson, Paris.

HERVE J. L'intervention dans l'organisation de l'école, pp 210-213 in GUILLARD & GUILLEMARD op.cit.

PAGES J.B. (1990) *Communiquer entre personnes et groupes* ; coll Pratiques sociales, Privat, Toulouse.

SELVINI PALAZZOLI M. et all. (1984) *Dans les coulisses de l'organisation* , ESF, Paris

Ouvrages de références techniques :

ADLER R.B et TOWNE N. (1991) *Communications et interactions*, VIGOT
MUCCHIELLI R. (1970) *La conduite de réunion* ; coll les séminaires ESF Paris.
MUCCHIELLI R. (1974) *L'interview de groupe* ; coll les séminaires, ESF, Paris.

Articles de J-C Guillemard sur le même thème ou sur des thèmes voisins:

GUILLEMARD J-C. (1976) Le psychologue scolaire peut-il faire autre chose que des QI ? *Petite Enfance* n°23 avril-mai.
GUILLEMARD J-C. (1977) Une autre psychologie à l'école est-elle possible ? *Compte rendu des journées d'études de la SFP*, Paris.
GUILLEMARD J-C. (1978) Le rôle du Psychologue scolaire et du GAPP dans l'évolution de l'école, in *Le handicap socioculturel en question* ; ESF, Paris.
GUILLEMARD J-C. (1982) Les psychologues scolaires et l'école ; réflexions sur l'insertion institutionnelle. Compte rendu des journées d'études SFP, Lille 1979 in *Psychologie Scolaire* n°42.
GUILLEMARD J-C. (1981) Vers une psychologie écologique à l'école. *Actes des journées d'études des psychologues du Sud Est*, Grenoble.
GUILLEMARD J-C. (1984) Le psychologue scolaire agent de changement dans l'école ; *Actes du colloque international Perspectives de réussites au delà des échecs scolaires*, Bordeaux.
GUILLEMARD J-C (1982) De nouvelles voies pour la psychologie à l'école, pp 93-114, in *Les Psychologues à l'école*, Programme 7, diffusions PUF Paris 1982.
GUILLEMARD J-C. et MESMIN C. (1988) La psychologie en milieu scolaire : les fonctions du psychologue scolaire *Psychologie Française*, 33.3.Novembre.
GUILLEMARD J-C. et MESMIN C. (1989) Diversité des champs d'intervention précoce pour le psychologue scolaire, Vol 2.pp 311-317 in *Actes du Congrès « Les difficultés d'apprentissage chez l'enfant d'âge scolaire »*. Bordeaux : Editions AFPS.

GUILLEMARD J-C. (1990) Les approches psychosociales en psychologie scolaire *; Actes des journées d'études des psychologues scolaires de Moselle ;* Metz.
GUILLEMARD J-C. (1992-1993) Préventions précoces des inadaptations scolaires et sociales in *L'Ecole maternelle Française*.
GUILLEMARD J-C. (1995) L'apport de la psychologie sociale et des approches interactives à la psychologie scolaire. *Compte rendu des journées d'études des psychologues scolaires du Var,* Sanary.
GUILLEMARD J-C. (1997) La consultation collective in GUILLARD & GUILLEMARD, *Manuel pratique de psychologie en milieu éducatif*, pp 87-91 ; Masson, Paris.
GUILLEMARD J-C. (1998) Early prevention in French schools : teamwork and family guidance. (Prévention précoce dans les écoles française : travail en équipe et guidance familiale) *Actes de l'université d'été des psychologues scolaires de Lettonie*, Riga 1998 ; à paraître en Français dans les *Cahiers pratiques de psychologie en milieu éducatif.* (AFPS 1999)

Interventions en CL.I.S

*Dyanne FRAGA REOLON **

Depuis sa création (1963), le C.M.P.P., a travaillé auprès des classes d'adaptation, aussi bien dans le secteur public que privé, primaire que secondaire.

Le C.M.P.P. est une structure qui possède deux versants d'action différenciés :

- les bilans - diagnostics - (psychologique, psychomoteur, orthophonique, graphomoteur, médical…).
- Les suivis - prises en charge thérapeutiques - qui peuvent être individuels, de groupe ou de famille, l'une n'excluant pas nécessairement les autres.

Mon expérience reste toujours une intervention au C.M.P.P., mais dans le cadre de l'Education Nationale, auprès des enfants de CL.I.S.

A la demande de l'Inspection Académique et de l'Inspecteur de Circonscription, le C.M.P.P. a été interpellé pour assurer le suivi psychologique d'enfants orientés par la C.D.E.S. en CL.I.S.

---

* *Psychologue au C.M.P.P. de Grenoble*

Dans un premier temps je vous parlerai des étapes mises en place pour le suivi C.M.P.P. au sein de l'école.

Dans un deuxième temps, plus précisément du soutien psychologique apporté à ces enfants. C'est le cadre auquel je fais référence et qui me permet de travailler.

LES DIFFERENTES ETAPES

Le secrétaire de la C.C.P.E., (ou l'instituteur ou le psychologue scolaire) indique au C.M.P.P. les enfants susceptibles de bénéficier d'un suivi relevant de sa compétence dans le cadre de l'école.

Une rencontre a lieu entre le psychologue scolaire et le C.M.P.P. pour réfléchir, à partir des dossiers C.C.P.E. et des paroles de l'enseignant, à la prise en charge de ces enfants.

Les parents des enfants concernés sont invités alors, à se rendre au C.M.P.P. avec leur enfant, pour y rencontrer le Directeur Médical, en présence du psychologue scolaire. Dans cette démarche, le psychologue scolaire est le référent des parents.

Quel sens donner à cette proposition de rencontre au C.M.P.P. ?

Tout d'abord, signaler aux parents et à l'enfant que si le suivi se fait à l'intérieur de l'école, les règles, le cadre, ne sont pas uniquement ceux de l'école.

Comme pour toute famille consultant au C.M.P.P., il y aura une équipe référente : le médecin, l'assistante sociale, et dans ce cas le psychologue scolaire.

Cette rencontre avec le Directeur Médical, vient aussi signaler que la prise en charge dans les murs de l'école se fait aussi sous la responsabilité d'un médecin, garant de la qualité du suivi.

A chaque début d'année scolaire une rencontre au sein du C.M.P.P. avec la famille est nécessaire pour donner un sens à la poursuite du suivi, pour impliquer la famille, même si la demande n'a pas été explicitée au préalable. La famille a droit à la parole : « veut-elle que la prise en charge continue ? ». Afin que la prise en charge ne soit pas assimilée à une activité proposée par l'école, comme la piscine par exemple.

Des rencontres régulières ont lieu entre l'instituteur et les intervenants du C.M.P.P. pour répondre aux interrogations soulevées par celui-ci en ce qui concerne sa relation avec les enfants. Je parle au pluriel, puisque d'autres professionnels peuvent intervenir à l'école si nécessaire : orthophoniste, psychomotricien...
Ces rencontres viennent matérialiser le lien C.M.P.P. - école.

Le Projet Educatif Individualisé (P.E.I.) est élaboré pour chaque enfant. Lors de cette signature sont présents : le Directeur de l'école, responsable du P.E.I, le secrétaire de la C.C.P.E, l'instituteur, le psychologue scolaire, des membres du Service de Santé Scolaire, pour le C.M.P.P. : le Directeur et les professionnels intervenants dans les murs de l'école et bien sûr l'enfant et ses parents.

Le P.E.I. indique le rythme des rencontres. Des synthèses sont effectuées en milieu et fin d'année scolaire. Le P.E.I. symbolise le lien école - famille - C.M.P.P. Sa coordination est un levier important car bon nombre d'enfants ou de familles utilisent la dispersion pour disqualifier l'école et /ou les Institutions.

LE SOUTIEN PSYCHOLOGIQUE A L'ECOLE

Il a pour but :

- La mise en mots du vécu des enfants : le réel scolaire, le réel familial, le réel social. Exprimer verbalement des sentiments pour des enfants où le passage à l'acte est le moyen privilégié d'expression (les règles de l'école, de la maison, l'ouverture au milieu social).
- Donner un sens à leur histoire : c'est un travail de reconstruction de l'histoire familiale. C'est l'inscription dans le temps, notion souvent absente chez ces enfants. Dans cette optique, des rencontres avec les parents sont mises en place de manière régulière.
- La réflexion sur l'évolution de l'enfant. Quelle est la place de l'enfant à l'école ? Quel projet pour l'avenir ?

Il n'est pas facile pour les parents d'accepter que leur enfant soit dans l'incapacité de suivre une scolarité en milieu ordinaire.

Par ailleurs, il y a des familles pour lesquelles toute tentative de mise en place d'une prise en charge extérieure a échoué, l'extérieur faisant trop peur.

Permettre alors l'émergence d'une demande, c'est permettre à l'enfant et aux parents d'envisager l'avenir, de prendre leur destin en main, d'être acteur de leur histoire.

Le travail en équipe pluridisciplinaire à l'école

*Chantal SOUQUET**

Je suis une des deux psychologues du Service d'Education Spéciale et de Soins à Domicile. Ce Service a été créé avec l'avis favorable de l'Education Nationale : la C.D.E.S., et la tutelle financière : la D.D.A.S.S. Il est géré par l'association A.P.A.J.H. en partenariat avec l'A.R.I.S.T. Ce Service n'a que trois ans d'existence. Il a comme originalité de réaliser la plus grande partie de ses actions à l'intérieur de l'école.

Je présenterai dans un premier temps le service, sa mission et le travail du psychologue du S.E.S.S.A.D. à l'école et avec l'école à partir de sa place dans l'équipe pluridisciplinaire. Pour le psychologue, les différentes équipes qui interviennent auprès de l'enfant dans l'école sont à considérer comme un outil de travail thérapeutique par leur fonction de contenant des appareils psychiques des enfants en difficulté et de leur famille.

Dans un deuxième temps, j'illustrerai mon propos par la présentation de deux vignettes des cas de travail du psychologue :

* *Psychologue, Psychothérapeute, Psychanalyste*

- en relais et en complémentarité avec le psychologue scolaire,

- dans la classe, dans un travail d'intégration d'une enfant trisomique en maternelle ; travail qui a été mené avec une éducatrice du S.E.S.S.A.D. et la maîtresse.

**LE TRAVAIL DU PSYCHOLOGUE :
A PARTIR DE SA PLACE DANS L'EQUIPE PLURIDISCIPLINAIRE**

Le S.E.S.S.A.D. s'adresse aux enfants et adolescents de 3 à 16 ans qui présentent une déficience mentale légère ou moyenne avec ou sans troubles associés, scolarisés à temps partiel ou à temps complet dans les groupes scolaires maternels, élémentaires et CL.I.S.1 de l'agglomération grenobloise, ainsi que dans les collèges (plus particulièrement les S.E.G.P.A.).

L'équipe pluridisciplinaire éducative et de soins est composée d'éducateurs spécialisés, de psychomotriciens, d'orthophonistes, de psychologues cliniciens, d'un médecin et d'un directeur.

La mission du service se situe auprès de l'enfant et auprès de sa famille.

Le service de soins et d'éducation à domicile a pour mission de favoriser le maintien de l'enfant dans son milieu ordinaire de vie, scolaire, familial, et social quand cela est possible.

L'écoute et l'accompagnement de la famille ne peuvent être dissociés du travail conduit auprès de l'enfant. Il nous faut entendre la souffrance des parents, leurs questionnements sur le handicap de leur enfant, la représentation qu'ils ont du handicap et de leur enfant, les aider à vivre la réalité du handicap, les accompagner à prendre conscience de leur ambivalence envers leur enfant, à la considérer comme humaine. Dans l'accompagnement des parents, on a à entendre aussi leur souffrance, issue de leur propre blessure narcissique, pour leur permettre de trouver en eux leurs compétences de parents pour cet enfant là et de voir leur enfant dans sa réalité, c'est à dire ses possibilités et ses limites.

Procédure

Le dossier de l'enfant nous est adressé par la C.D.E.S.

Le directeur, le médecin et le psychologue reçoivent l'un après l'autre l'enfant et sa famille. Au cours de ces entretiens le service est présenté par le directeur. Un premier travail autour des attentes et de la demande des parents est amorcé par la psychologue. Dès le premier entretien en présence de ses parents, chacun des professionnels, de sa place et de son écoute, signifie à l'enfant qu'il a été entendu dans ses difficultés. C'est pour cette raison qu'il a été adressé à notre service. Il pourra chercher avec nous et les autres professionnels du service qui travailleront avec lui comment être aidé.

Il est primordial qu'à son entrée dans le service, l'enfant se situe et soit assigné par nous à une place de sujet quel que soit son niveau supposé de compréhension.

Après ces entretiens et accord de la famille, une observation de l'enfant dans son cadre scolaire est conduite par l'éducatrice spécialisée et la psychologue, les bilans en orthophonie et en psychomotricité sont réalisés à l'école.

La plupart du temps, ces enfants ont un passé de soins dans les C.M.P., C.A.M.S.P. ou en libéral. Ils ont été parfois suivis par le réseau d'aide. Les psychologues scolaires à l'origine de l'orientation vers le S.E.S.S.A.D. les connaissent bien, un travail d'accompagnement de la famille est parfois en cours. Cette histoire médicale et les constructions que les parents en ont faites pour donner sens à la rupture de leur projet de vie, consécutif à l'annonce du handicap de leur enfant, sont à travailler en équipe et avec les familles et les enfants. Il y a toujours un aménagement défensif plus ou moins rigide pour retrouver une homéostasie psychique personnelle et familiale quand il y a un enfant handicapé dans une famille. Les contacts avec les professionnels qui ont suivi les enfants et leur famille sont toujours pris et un travail de relais ou en complémentarité est décidé. Nous transmettons aux parents et aux enfants les éléments de ces contacts.

A la suite de cette phase d'observation, de bilans et de travail avec les professionnels qui ont suivi l'enfant et sa famille, nous élaborons un projet éducatif et de soins que nous proposons et discutons avec les parents, en présence de l'enfant. Au cours de ces entretiens avec les parents et tous les intervenants du S.E.S.S.A.D. le projet est parfois réajusté. Pour que le travail d'accompagnement puisse se faire il est indispensable que le projet individualisé s'articule positivement au projet de vie des parents pour leur enfant, que ce projet vienne étayer leurs compétences de parents.

La dernière étape à l'issue de laquelle le travail des intervenants du S.E.S.S.A.D. dans l'école pourra commencer est la construction du P.E.I. (Projet Educatif Individualisé), à l'école avec l'instituteur, le secrétaire de C.C.P.E. , le psychologue scolaire, le médecin scolaire, l'assistante sociale scolaire, les référents de l'équipe du

S.E.S.S.A.D. auprès de l'enfant, les parents et l'enfant. L'articulation entre le P.E.I. et le Projet Educatif et de Soins est une de nos préoccupations. Elle permet aux enfants et aux parents d'être contenus dans ce que j'appellerai une enveloppe psychique dont la structure est tissée par les liens professionnels entre les intervenants, la circulation des représentations que chacun se fait de l'enfant et de ses difficultés. Le travail de lien, d'articulation que nous avons à faire les uns avec les autres à l'intérieur d'une équipe et les équipes entre elles est indispensable à un authentique travail interdisciplinaire. Il doit être basé sur la reconnaissance mutuelle des spécificités de chacun, sur la collaboration et non la juxtaposition des compétences. Le travail du psychologue du S.E.S.S.A.D. est de veiller à la dynamique qui va permettre la circulation de ces représentations. C'est un de nos outils de travail. Pour tous les enfants que nous suivons, il y a eu soit effondrement de l'appareil psychique familial, (par exemple à la suite du traumatisme des parents à l'annonce du handicap quand c'est un handicap visible à la naissance), soit une faille dans l'appareil psychique familial à l'origine des troubles psychiques de l'enfant. On a à considérer les équipes pédagogiques, éducatives et de soins qui interviennent comme métaphore de l'appareil mental de l'enfant et de sa famille. Ce travail est à réaliser aussi bien transversalement que longitudinalement. L'enfant et sa famille arrivent au S.E.S.S.A.D. avec une histoire thérapeutique à laquelle chacun a à donner un sens pour permettre que le dynamisme psychique souvent entravé, puisse se réamorcer et permettre à l'enfant de s'inscrire dans un projet de vie positif. Nous avons, de notre place de psychologue, à repérer les symptômes qui témoignent de ces entraves et des processus mortifères. On connaît bien dans les équipes de soins les clivages, les processus d'indifférenciation, les morcellements induits par la pathologie des patients et de leurs familles. Les équipes, à ce moment, mettent en scène les clivages et les conflits inconscients des patients et de leurs familles.

DES INTERVENTIONS DU PSYCHOLOGUE DU S.E.S.S.A.D. DANS l'ECOLE

Le travail du psychologue en relais et en complémentarité avec le travail du psychologue scolaire

Il s'agit d'un travail que la psychologue scolaire et moi-même avons mené ensemble.

Rabbia a été orientée au S.E.S.S.A.D. au cours du premier trimestre de l'année scolaire 1996-1997. Elle était âgée de 9 ans. Cette fillette avait inquiété l'entourage scolaire depuis la maternelle, elle présentait un retard des acquisitions et des symptômes d'une construction psychique qui pouvait s'avérer pathologique. Dès la maternelle, un accompagnement par le réseau d'aide a été mis en place, la psychologue scolaire suivait la maman. Le réseau d'aide, les enseignants et la psychologue scolaire ayant atteint leurs limites dans le travail qui pouvait être fait à l'école ont poussé la famille à aller consulter au C.M.P. Les parents n'ont donné aucune suite au travail proposé par le C.M.P. : entretiens avec la famille pour réfléchir aux difficultés de Rabbia et à une éventuelle orientation, ceci en 1992, 1993 et 1995. Une orientation vers un milieu spécialisé (I.M.E.) a été préconisée par le

C.M.P. et refusée par la famille. Rabbia a été orientée en CL.I.S. C'était l'année d'ouverture des CL.I.S. Elle est restée une demi-journée dans cette classe du secteur d'habitation de la famille où elle n'avait pas sa place. Les enfants présentaient un profil très déficitaire sur le plan intellectuel et étaient atteints, pour certains, de handicaps lourds. Elle a été réorientée dans le milieu normal avec aide du S.E.S.S.A.D. La psychologue scolaire et moi nous sommes mis d'accord pour que je prenne le relais du suivi de la famille et de l'enfant sur le plan psychologique. Cette famille usait les équipes qui travaillaient avec elle. La maman cherchait à induire, évidemment inconsciemment, une relation fusionnelle, puis fuyait la relation thérapeutique de soutien puis revenait avec une énorme demande, puis rejetait les propositions qu'elle avait auparavant acceptées et auxquelles elle n'avait pas donné suite. Bien sûr, ce comportement était l'expression de mécanismes de défense, signes d'une grande souffrance. J'ai suivi très régulièrement la famille pendant l'année scolaire à raison d'une fois toutes les trois semaines : travail usant. Rabbia était suivi en psychomotricité et en orthophonie par les professionnels du S.E.S.S.A.D. Les soignants et les instituteurs étaient confrontés aux mêmes difficultés que moi, induites par la pathologie de l'enfant. A la fin de l'année scolaire, on a eu l'impression de ne pas avoir avancé. La famille après avoir donné l'impression d'avoir progressé a refusé toutes les propositions. L'année suivante le suivi a été essentiellement fait par la psychomotricienne et l'orthophoniste. Rabbia, inconsciemment, mettait beaucoup d'énergie pour se faire rejeter et induire une rupture de la relation. L'usure était importante chez les soignants et les enseignants. On a tenu bon. Rabbia mettait en scène dans les séances de psychomotricité sa problématique de lien, fusion, rejet, violence, tentatives de rupture, toute puissance. C'est le travail en relais qui nous a permis de tenir. Rabbia put expérimenter qu'elle n'était pas toute puissante, qu'on maintenait un lien. On a fait des relais de parole avec l'école qui répétitivement rejetait l'enfant. La famille a cheminé pendant l'année. Rabbia est depuis la rentrée 1998 en semi-internat dans un I.M.E. Ce qui se jouait dans les différentes équipes était le miroir de la pathologie du lien de l'enfant. Notre travail thérapeutique a été de travailler pour ne pas rejouer en équipe ce que les forces inconscientes de l'enfant et sa famille induisaient dans les relations, ce qui a permis à la famille de cheminer.

Travail d'intégration d'une enfant trisomique en maternelle.

Claire est une enfant trisomique atteinte d'un syndrome de West. Elle présente une déficience intellectuelle profonde et des troubles psychiques associés. La C.D.E.S. nous avait adressé cette enfant pour aider à l'intégration scolaire à mi-temps en maternelle. Elle était âgée de 7 ans. Une action éducative dans le cadre de la classe a été menée par une éducatrice spécialisée du S.E.S.S.A.D. à raison de trois fois par semaine. Claire provoquait des comportements discordants de la part des autres enfants de la classe, ils l'embrassaient sur la bouche, la prenaient sur les genoux, l'imitaient.

Dans la cour elle était la cible de moqueries et de manipulations de la part des autres enfants qui lui faisaient subir ce qui leur était interdit. La maîtresse essayait de contenir l'excitation générée par cette situation en posant interdit sur interdit. Elle avait conscience que ce n'était pas la bonne méthode et cet état de fait allait en escaladant. La maîtresse parlait beaucoup avec l'éducatrice de cette situation très difficile pour elle. L'éducatrice m'a demandé d'intervenir.

Dans un premier temps, j'ai proposé à la maîtresse un temps d'écoute au cours duquel elle a pu verbaliser son inconfort de cette situation et sa demande d'aide. On s'est mis toutes les trois d'accord pour faire ensemble un travail de groupe avec les enfants, pour les amener à parler les questions que suscitait la différence de Claire, son handicap. C'étaient les questions normales que se posent les enfants mais qu'ils n'avaient pas pu formuler, celles-ci n'étant pas entendues. Leur comportement, en fait, était leur propre démarche pour chercher des réponses. Tout comme les enfants se construisent leur propre scénario pour s'expliquer la différence sexuelle, ils ont besoin de construire un scénario pour donner sens à la différence qu'est le handicap. Nous avons fait ce travail en prenant comme support l'histoire de Doudou lapin. Doudou est un petit lapin qui a un frère trisomique. Ma fonction dans ce travail a été d'être le médiateur entre la maîtresse et l'éducatrice, la maîtresse et les enfants. Chacun a pu prendre conscience des vraies questions qu'il se posait, les formuler, et par là la situation a été dédramatisée.

Le tutorat à l'école

Arlette GERVASI *

L'expérience que je voudrais décrire ici est celle du tutorat à l'école, entre des enfants de CE1 (cycle 2) non lecteurs que nous appellerons *tutorés* et des enfants de CM2 (cycle 3) que nous appellerons *tuteurs*.

En préambule, je veux préciser que ce type d'intervention existe à tous les niveaux de l'enseignement à l'école maternelle, élémentaire, au collège, au lycée et même à l'université.

IDENTITE ET APPARTENANCE

Dans plusieurs de ses articles, Yveline Rey a montré que nous sommes membres de *« systèmes »* ou de *«groupes d'appartenance»* dans lesquels nous occupons des fonctions et /ou nous expérimentons des rôles : la famille, le milieu professionnel, le parti politique, le club de théâtre, etc...

* *Psychologue Scolaire*
Directrice Adjointe du C.M.P.P. de Grenoble

Avec Boris Cyrulnik nous savons que c'est dans *les interactions* que nous avons avec les autres que se construit *notre identité.*

L'enfant comme chacun d'entre nous *construit son identité* au carrefour de ses appartenances, c'est-à-dire dans les interactions qu'il a tout d'abord au sein de sa famille, puis avec ses camarades à l'école : ses pairs, et un certain nombre d'adultes spécialisés comme par exemple les enseignants ou les psychologues scolaires.

De même l'enfant construit ses savoirs scolaires et sociaux en interaction avec ses pairs, autrement dit les enfants apprennent entre eux. Par exemple, si on demande à des enfants de grande section maternelle qui n'arrivent pas à lire un petit texte :

- « *qui pourrait nous aider* ? », ils répondent en premier lieu : « *les grands du cours préparatoire de la grande école*».

Autre exemple : si on demande à des enfants de cours moyen deuxième année :

- « *qui peut vous donner des renseignements sur le collège* ? », ils citent en premier lieu les grands de 6ème ou leurs frères et soeurs.

Dans ces deux exemples le recours aux parents ou aux enseignants n'arrive que bien plus loin.

« *Le parler commun, la conversation créent un champ sensoriel de mimiques, de sonorités, de manières de dire où nous pouvons nous rencontrer, ce qui rend possible l'échange d'affect et le tissage du lien* ».

Mais Confucius n'affirmait- il pas déjà ?
« *On apprend mieux de ses pairs que de ses maîtres* »
et Charpak que « *c'est en enseignant qu' on apprend* »

QUEL EST LE DISPOSITIF DU TUTORAT ?

Prenons un groupe d'enfants de cours élémentaire première année qui, au mois de septembre, n'ont acquis que des rudiments en lecture et qui désespèrent la maîtresse au point que celle-ci interpelle la psychologue scolaire pour lui réclamer de l'aide,

- mettons-les ensemble : ils seront le *groupe des tutorés,*
- trouvons un groupe d'enfants volontaires, disons de 3 ans plus âgés, scolarisés en cours moyen deuxième année : ils seront le *groupe des tuteurs,*
- faisons des paires : *un tuteur et un tutoré* en essayant d'associer des enfants ayant des caractéristiques communes, ceci afin de faciliter la communication,
- trouvons une classe avec de quoi lire et écrire, *installons les deux enfants,* le grand et le petit, le tuteur et le tutoré, *côte à côte*, avec comme consigne de faire de la lecture ensemble pendant 30 minutes environ, sous le contrôle d'un adulte qui lui ne devra sous aucun prétexte intervenir dans le contenu des échanges entre les deux enfants.

La séance de 30 minutes terminée, renvoyons les petits tutorés dans leur classe, tandis que les grands eux restent avec le psychologue. Celui-ci pose à chacun des tuteurs deux questions :

- Comment la séance s'est - elle déroulée ?
- Quelles difficultés avez-vous rencontrées ?

Le tour de table permet à chaque tuteur de décrire le déroulement de sa séance puis d'en analyser non seulement le contenu, mais d'échanger avec ses pairs, ses réussites et ses échecs, de faire part de ses difficultés et de ses interrogations.

L'expérience montre que si la première question, celle qui invite à une réflexion, ne pose pas trop de problèmes aux enfants, la seconde les déroute dans un premier temps : ainsi on peut avouer qu'on a eu des difficultés et recevoir de l' aide.

Mais ce n'est pas le psychologue qui répond aux questions des enfants. *Il crée les conditions d'un échange* sur les inquiétudes, les interrogations, les doutes, les découragements, les envies d'abandon, les solutions expérimentées par un autre tuteur ou les adultes ressources auprès desquels il sera possible aux enfants de se renseigner.

LE ROLE DU PSYCHOLOGUE SCOLAIRE

La phase interactive de mise en mots est essentielle à la réussite du dispositif. Tout comme il est essentiel que l'adulte qui anime le groupe des tuteurs soit rompu aux techniques d'animation de groupe et qu'il soit à même de repérer les blocages d'ordre psychologique venant des tuteurs ou des tutorés.

C'est pourquoi le psychologue scolaire est particulièrement apte à diriger cette phase. Il permet la circulation de la parole, l'appropriation des processus d'apprentissage, l'élaboration de solutions adaptées aux difficultés rencontrées. Il soutient la créativité des tuteurs et la construction de leur identité.

Dans l'animation des séances entre les tutorés, il soutient les efforts et la motivation de ces derniers. Il étaye la construction de leur personnalité.

De plus le tutorat lui permet d'avoir une place dans l'équipe éducative et un rôle dans le projet d'école. C'est lui qui fait le lien entre l'école, les familles des tuteurs et les familles des tutorés.

LES RESULTATS OBTENUS

Depuis un an ou deux, des psychologues scolaires de la région parisienne évaluent les résultats du dispositif du tutorat.

Il apparaît tout d'abord que les tutorés progressent, prennent confiance en eux, surtout si leur retour dans la classe est « médiatisé » par l' apport d'un jeu à faire, d'un dessin à afficher, d'une devinette à trouver ou d'un texte à lire.

Les tutorés progressent donc, et c'était bien le but recherché.

En revanche, ce qui était moins attendu ce sont les *progrès réalisés par les tuteurs*. Les maîtres constatent qu'ils prennent plus volontiers la parole en classe, qu'ils s'expriment mieux, qu'ils se prennent plus en charge, qu'ils augmentent leurs performances scolaires.

C'est pourquoi le psychologue doit convaincre l'enseignant de choisir les tuteurs, non parmi les premiers de classe, mais parmi les plus motivés.

L'autre effet du tutorat porte sur le climat des classes dans lequel il se pratique : *les bagarres diminuent, l'entraide se développe.*

Lorsque le tutorat est pratiqué à plus grande échelle c'est le climat de tout l'établissement (premier ou second degré) qui se trouve modifié. *La violence s'atténue considérablement pour laisser place au dialogue.*

La relation du psychologue scolaire et de l'enseignant

*Françoise PRADEL**

Voici le récit d'une expérience qui met en jeu la relation du psychologue scolaire et de l'enseignant dans sa classe.

Les deux premiers mots qui me sont venus en tête pour évoquer cette relation sont les suivants : *périlleuse et inévitable.* Pourquoi ?

- Derrière la demande formulée pour l'élève en difficulté, il y a souvent une demande d'aide pour l'enseignant confronté à cet élève. Cette demande est très souvent implicite mais on ne peut pas ne pas l'entendre. Qu'en faire ? Comment répondre ?
- Le psychologue scolaire a été enseignant et le reste à travers son statut. Comment mettre un écart suffisant entre ce statut et cette nouvelle fonction de psychologue dans l'école pour que la parole de l'enseignant puisse advenir ?

* *Psychologue Scolaire*

C'est à partir de ces interrogations que j'ai mis en place l'intervention suivante et cela en collaboration avec les rééducateurs du réseau d'aide.

Une enseignante nous fait part du nombre important d'enfants en difficulté, agités, « à problèmes », dans sa classe. Elle est épuisée, débordée et les cris et les pleurs viennent attester de la situation de crise que vit cette classe. Les enfants commettent de plus en plus d'actes violents entre eux et vis-à-vis de la maîtresse.

C'est cette situation très inquiétante qui nous amène à penser à la stratégie suivante.

Il nous paraît essentiel de proposer un cadre d'intervention très précis de manière à ne pas reproduire ce qui se vit dans la classe et à sortir d'une écoute bienveillante qui ne permettait aucune élaboration.

Nous proposons donc d'intervenir dans la classe, partagée en deux demi-groupes, et cela pendant un nombre déterminé de séances.

Nous allons utiliser, en le simplifiant, un outil médiateur, *le jeu de l'oie*, objet flottant dans le cadre systémique.

L'objectif est de permettre aux enfants de réfléchir à ce qui se passe dans la classe, tentative de sortir des passages à l'acte afin de recréer un espace de pensée.

Pour cela les enfants doivent trouver les événements les plus importants qu'ils ont vécus dans la classe, puis les qualifier en positif ou négatif. Enfin ils ont à formuler un objectif et s'engager à le tenir .

Ces séances sont conduites par deux d'entre nous et cela sans la maîtresse.

Quand ce travail est terminé il y a présentation et confrontation des deux groupes en présence de la maîtresse.

Pendant ce temps, des entretiens sont proposés à l'enseignante de manière à l'aider à prendre un peu de recul et à analyser les conditions favorables et défavorables à l'apprentissage dans la classe ; cela à travers un outil de remédiation mis en place par l'équipe de Monsieur Berbaum*. Celui qui mène ces entretiens avec la maîtresse n'a pas de contact avec les enfants.

Nous informons les parents de notre intervention et, en accord avec la maîtresse, proposons une réunion de parents afin de les associer à ce projet et que certaines choses puissent être reprises en famille.

Enfin certains enfants sont pris en charge par le réseau de manière plus individuelle.

En conclusion, cette expérience n'a pas eu des résultats miraculeux, bien sûr, et il y a sans doute encore beaucoup de choses à améliorer, travailler, mais elle a permis, la diminution du climat de violence dans la classe, un peu de respiration pour chacun des partenaires. On a constaté un grand soulagement pour les enfants qui subissaient la violence générale en se taisant ; là ils ont pu s'exprimer ! De plus l'approche du système a évité la recherche d'un coupable, ce qui a permis à chacun des acteurs d'amorcer quelques processus de changement.

* *Enseignant – Chercheur en Sciences de l'Education à l'Université P. Mendès France (Grenoble 2)*

L'école est-elle thérapeutique ?

Marie Claude ROLLANDIN *

A la suite d'interventions avec des collègues enseignants, auprès d'enfants en grande difficulté scolaire, en collaboration avec des équipes soignantes, il m'est arrivé de dire « l'école aussi est thérapeutique » formule qui a fait froncer le sourcil aux « soignants », à juste titre !

En effet, cela pourrait sous entendre que l'enseignant est thérapeute en outre, ce n'est pas l'objectif de l'Ecole.

J'aurais envie de dire, à ce jour, que l'objectif de l'Ecole est de permettre à l'enfant de réaliser des apprentissages *et* en même temps elle participe du soin - elle contribue au soin – (comme elle contribue à l'égalité des chances).

C'est à grands traits que j'esquisserai la pratique pédagogique qui m'a conduite à cette réflexion : pratique pédagogique très inspirée des travaux de R. Feuershein.

J'ai eu la chance de rencontrer des collègues enseignants qui partageaient ma croyance dans la *modifiabilité cognitive*. L'homme peut sans cesse modifier ses capacités à apprendre et à s'adapter. Le système

* *Psychologue Scolaire*

cognitif d'un individu est à priori éducable, quel que soit son âge.

C'est dire que nous abandonnons la notion de mesure chiffrée. Le test est support, outil d'observation et nous prenons le parti de faire plus confiance à l'enfant qu'au test.

QUEL TRAVAIL EN CLASSE AVEC L'ENSEIGNANTE ?

En même temps que l'enseignante engage l'enfant dans ses apprentissages scolaires, elle l'accompagne dans un travail de *métacognition*, de repérage de ses propres processus de pensée, de construction des opérations mentales (conservation – réciprocité – comparaison – réversibilité…). L'objectif est de rendre l'enfant acteur de ses apprentissages, de l'aider à structurer sa pensée, organiser le chaos, l'indifférenciation qui en étaient la marque.

Ce travail serait partiel s'il ne prenait pas en compte la globalité de la personne.

L'enseignante par un riche travail de *médiation*, (régulation du comportement, médiation de la signification…) aide l'enfant à prendre conscience du réel, l'aide à appartenir à un groupe où doit s'articuler le subtil jeu de la différenciation/appartenance.

Sur le plan affectif, le travail de médiation a pour objectif la prise de conscience de soi, la restauration du narcissisme. Au plaisir de penser, s'associe le plaisir de soi dans une relation à l'autre médiée par l'apprentissage.

C'est aussi restaurer le sentiment de compétence de la famille, rendre aux parents leur compétence de *parents apprenants.*

L'enseignante porte une large attention au langage, celui qui va du faire au dire, du dire au faire, qui parle du sujet, du *je,* en interaction avec les autres.

QUEL RÔLE POUR LE PSYCHOLOGUE ?

C'est avec les enseignants entretenir la réflexion, le questionnement, travailler à maintenir le lien enfant – école – famille.

Quant à moi, je prolonge le travail sur le besoin de lien, par une intervention qui a pour support « les relations familiales ».

CONCLUSION

L'école peut-elle être plus qu'un lieu d'apprentissage ?

Ces quelques éléments m'amènent à reformuler mon hypothèse de départ : une intervention à modalité cognitive, auprès d'enfants en difficultés, étayée par une médiation pertinente, peut-elle amorcer un remaniement de la personnalité ?

Convention d'intégration et Projet Educatif Individualisé

Robert GIRARD *

Initialement, les textes ont prévu, pour les enfants atteints d'un handicap, la mise en place de conventions d'intégrations entre les écoles et les établissements de soins ayant l'enfant en charge.

A partir de ces textes, au sein du R.A.S.E.D, une psychologue scolaire de La Tour du Pin (38) a mis au point, une adaptation de cette procédure qui a donné naissance aux « Projets Educatifs Individualisés ». Il est à noter qu'il n'est fait allusion nulle part au psychologue scolaire comme partenaire dans la mise en place des conventions. En revanche, la présence de celui-ci semble tout à fait indispensable dans l'élaboration des P.E.I.

Au début de ma pratique de psychologue scolaire, j'ai découvert ce cadre que j'ai initialement vécu essentiellement comme une contrainte administrative. J'étais sollicité par les directeurs d'écoles qui ne savaient ni comment procéder ni à quoi cela pouvait bien servir.

---

* *Psychologue Scolaire*

A l'usage, je devais vite me rendre compte qu'il s'agissait là d'un outil d'intervention tout à fait intéressant qui pouvait jouer plusieurs fonctions dans la mesure où l'on se fixait quelques règles méthodologiques.

LES FONCTIONS DU PEI

Une *protection* pour l'enfant, la famille et l'école, par la mise en place d'un contrat fixant les lieux, les temps, les droits, les devoirs et les tâches des différentes parties.

Un *contenant* pour l'enfant parce qu'il *met en lien* plusieurs de ses contenants : équipe de soin, école, famille.

Un *recadrage* des fonctions, des compétences et des pouvoirs de chacun : l'école, l'enseignant, les parents, l'enfant, les partenaires extérieurs, le psychologue scolaire.

Une *élaboration* verbale et écrite d'un projet autour, avec et pour l'enfant. Une occasion de sortir de bien des non-dits, de s'exprimer sans tiers exclu.

Une *évaluation* de l'évolution de la situation par la mise en place de repères concrets sur les compétences de l'enfant et leur évolution.

Une *préparation et une construction* du long terme et d'une éventuelle orientation.

LES NECESSITES METHODOLOGIQUES

Organisation des réunions *par le directeur* de l'école

Présence de tous les acteurs directs et notamment les *deux parents* et *l'enfant*.

Cadre horaire adapté : impossibilité de réaliser les rencontres à la sauvette sur un temps bref (par exemple durant une récréation), prise en compte des impératifs de chacun.

Négociation réelle entre les différents partenaires. Le projet ne doit pas être "ficelé" à l'avance. On doit arriver à des engagements réciproques se matérialisant par la signature d'un document contractuel. Faire signer l'enfant dans la mesure du possible.

Modalités concrètes précises : qui fait quoi, dans quelles conditions et avec quels objectifs ?

Définition de limites fixes négociées et renégociables dans le cadre fixé.

Ne rien oublier : c'est là qu'intervient le psychologue scolaire qui doit préparer un canevas des points fondamentaux qui lui paraissent devoir être abordés impérativement si l'on veut éviter l'échec. Son intervention se limite à veiller, lors de la négociation, à ce que tous les points fondamentaux soient abordés et débouchent sur un accord, même temporaire.

Cette présentation n'a d'autre but que de livrer une élaboration personnelle toujours en évolution et de recueillir d'autres pistes.

Références de textes :

Loi d'orientation en faveur des personnes handicapées n° 75-534 du 30.06.75
Loi d'orientation sur l'éducation n°89-486 du 10.07.89
Circulaires :
n°82-2 et 82-048 du 29.01.82 (BO n°5 du 04.02.82)
n° 83-082, 83-4 et 83-5 du 29.01.83 (BO n° 8 du 24.02.83)
n°91-302 et 91-304 du 18.1.91 (BO n°3 du 16.01 .92)

Intégration scolaire des enfants à besoins spécifiques
A la recherche d'une démarche outillée

Michèle LAPEYRE *
Pierre BONJOUR **

Concevoir un projet d'intégration scolaire, c'est se poser la question de son évaluation. L'approche d'un enfant en difficultés à l'école ne peut se réduire à l'évaluation d'une trajectoire. Au contraire, les référentiels de compétences sont inadéquats pour restituer une avancée ou un recul. Difficile, dès lors, de maintenir le cap, garder foi en une éducabilité possible contre vents et marées. La logique de *trajectoire* doit faire place à une logique de *cheminement* qui implique de renoncer, pour un temps, au programme et aux prétentions pédagogiques habituelles.

Nous avons recherché un dispositif d'évaluation, que nous avons appelé *sémaphore*. Il se situe à la frontière des évaluations dures et des évaluations molles et permet non seulement à l'enseignant de se repositionner, de se requalifier comme enseignant de cet élève, mais également à l'enfant et aux autres partenaires de faire entendre leurs voix. Ces sémaphores attachés au P.E.I., comme les instruments de navigation qui portent ce nom, sont des signaux capables d'accompagner très précisément le

* *Psychologue Scolaire*
** *Directeur de CMPP*

parcours singulier de l'enfant et de répondre à la préoccupation de son intégration effective parce qu'organisée et rationalisée. Cette *démarche outillée* relance la dynamique enrayée en libérant des objectifs nouveaux.

Dans ce projet, un modèle d'Homme à promouvoir est sous-jacent. Il est formalisé par un cercle symbolisant une conception anthropologique où l'homme intégré se résume en quatre champs distincts, mais étroitement articulés :

- l'être humain, est un *ego* en quête d'assise narcissique. C'est considérer là sa dimension *affective* avec ses besoins de se sentir en sécurité, de grandir et d'indépendance,
- c'est aussi un *alter ego* en quête d'échanges et d'acculturation qui correspond au registre *social,* avec ses besoins de lois, d'appartenance à un groupe et de communication,
- c'est également un *homo sapiens* en quête de sens. C'est la dimension *cognitive* avec les besoins de réceptionner les signaux de l'environnement, de comprendre et de penser,
- enfin, c'est un *homo faber* en quête de maîtrise avec ses besoins de construire des outils pour s'orienter et occuper son temps. Il constitue l'aspect *instrumental* de l'être.

Ainsi, chaque expérience existentielle, affective, sociale, cognitive ou instrumentale occupe le quart de la surface du graphe. Pour chacun, l'élucidation de la problématique de l'enfant fait envisager des buts à atteindre et leur traduction en objectifs opérationnels, qualitativement appréciés sur une échelle graduée de 1 à 4. Le graphe personnalisé et pluridimensionnel est ainsi obtenu en reliant les différents marquages retenus pour donner une visualisation explicite, lisible et dynamique de la problématique de l'enfant. A chaque fois, la détermination des items pertinents, cherche à saisir la situation inédite de l'enfant. Examinons le cas de Paul pour concrétiser nos propos, sachant que la construction du sémaphore ne relève pas du «clé en main» mais plutôt du « sur-mesures ».

Paul est un petit garçon de 5 ans 5 mois, scolarisé en moyenne section maternelle, suite à une décision de maintien prise par la C.C.P.E. C'est un enfant inquiétant au plan psychopathologique. Il présente un ensemble de symptômes de la série autistique :

- s'il articule quelques mots, son langage est souvent écholalique, sans valeur communicationnelle,
- il pique des colères clastiques qui laissent l'adulte complètement démuni,
- il a des mouvements compulsionnels de la tête et des jeux de bouche indéfiniment répétés qui semblent fonctionner comme sédatifs,
- il n'adhère pas aux activités proposées, erre plutôt dans la classe comme un somnambule,
- il semble incapable d'initiative,
- ses productions graphiques en sont au stade du gribouillis.

Le premier sémaphore a été mis au point, et a donné l'occasion de 3 rencontres famille/école, rencontres qui ont donné lieu à l'appréciation qualitative de la situation de l'intégration scolaire. Il a sans doute été à l'origine d'une démarche de la famille vers un Centre médico-psychologique. A la suite de sa construction, la maîtresse dira : « Maintenant, je peux penser, me donner des objectifs».

Un deuxième sémaphore est élaboré l'année suivante. Il a pour but de remettre les choses sur le métier, de remobiliser sur des objectifs nouveaux, pour surtout ne pas s'enfermer dans l'immuabilité.

Pour chaque item, on cherche :

- à identifier le problème : quelles sont les capacités et incapacités de l'enfant ? (les capacités peuvent constituer des points d'appui sur lesquels bâtir des ambitions nouvelles),
- à rechercher les objectifs à atteindre, les capacités visées,
- à traduire ces objectifs en objectifs opérationnels c'est à dire en comportement observable.

L'évaluation est appréciative, c'est-à-dire qu'elle est lieu d'une appréciation qualitative. A partir des travaux de Vygotsky, on peut définir une zone proximale de développement, située entre les notes 1 et 4 :

1- faire avec difficultés, avec aide.
2- faire sans difficultés, avec aide.
3- faire avec difficultés, sans aide. ↓ désétayage
4- faire sans difficultés, sans aide.

I - La dimension affective.

Item I - 1.

Incapacité:	s'affirmer en tant que Sujet.
But :	Paul a besoin d'affirmer son autonomie dans les actes de la vie quotidienne. La famille a aussi besoin de considérer ce point comme essentiel pour l'évolution de l'enfant.

Objectif opérationnel : s'habiller seul, lacer ses souliers. Paul peut aider un petit à s'habiller.

Evaluation : nous accordons la note 2. L'enfant commence à s'habiller seul. Il faut l'aider pour les chaussettes et les chaussures. Pour la toilette, l'aide doit être plus soutenue : Paul a tendance à toujours frotter au même endroit.

Item I-2.

Incapacité : établir une différence entre l'intérieur et l'extérieur, Paul est bloqué dans la négation du dehors et l'isolation du dedans.

But : varier ses modes d'expression de l'humeur, de la pensée, en utilisant différents supports et différents outils scripteurs, afin de stimuler l'expression, catalyser une certaine façon d'organiser le réel, de produire un effet personnel ; obtenir que le geste s'adapte à la nature du support.

Se sentir indépendant de ses productions: créer une différenciation entre «ce que j'écris» et ma production, c'est-à-dire renforcement de la ligne de démarcation (intérieur/moi) - (extérieur/autre).

Objectif opérationnel : travailler sur l'aventure des productions : affichage, don à une personne, poubelle. Construction d'un souvenir de cette aventure : stimuler les traces mnésiques, le contrôle et l'indépendance.

Evaluation : nous maintenons la note 1, mais nous remarquons que Paul commence à rassembler ses morceaux ; son regard est plus présent. Il parait content quand on accroche ses productions aux murs, sourit, montre ce qu'il a fait.

II - Le registre social

Item II – 1.

Incapacité : à communiquer.
But : établir un système symbolique de communication.
Objectif opérationnel : trouver une destination à son dessin.
Evaluation : nous maintenons la note 1 car, si Paul commence seulement à jouer avec ses camarades, il refuse encore toute activité dirigée. L'établissement de la relation pédagogique est encore très hasardeuse. Paul est souvent « en révolte». Il dit : « Non ! »

Item II - 2.

Incapacité : imiter, utiliser l'autre comme miroir.
But : faire expérience du miroir de l'autre.
Objectif opérationnel : reproduire un rythme.
Evaluation : nous cotons la situation actuelle à 2.
En relation individuelle, Paul parvient parfois à être plus présent et à tenir compte de l'autre. Son regard prend de la consistance ; l'autre existe. Avec son père, il réussit à prendre et tenir le rythme d'une musique.

III - La dimension cognitive

Item III – 1.

Incapacités : entrer dans un système symbolique.
But : trouver une signification, dénommer, lire des images.
Objectif opérationnel : trouver un sens à son dessin.
Evaluation : nous cotons 1 bien que Paul dise «machin» lorsqu'il veut désigner quelque chose et commence quand même à donner quelques mots en adéquation avec la réalité.

Item III – 2.

Incapacité : construire un schéma corporel.
But : entraînement à la perception du schéma corporel.
Objectif opérationnel : montrer, nommer les parties de son corps.
Evaluation : nous cotons 2 : Paul est déjà capable de montrer les principales parties de son corps.

IV -L'aspect instrumental

Item IV – 1.

Incapacité : ouverture sur la lecture.
But : manifester de l'intérêt à l'égard des livres et les utiliser.
Objectif opérationnel : se rendre au coin bibliothèque, choisir un livre, apporter le livre à la maison, tenir le livre à l'endroit, tourner les pages dans le bon sens, solliciter l'adulte pour se faire

raconter une histoire.

Evaluation : nous cotons 2. Paul manifeste de l'intérêt à l'endroit des livres, mais ne sait pas les tenir à l'endroit et tourner les pages dans le bon sens. Il sollicite l'adulte pour qu'on lui lise une histoire.

Item IV - 2.

Incapacité : engager un raisonnement.

But: conceptualiser et organiser un rangement.

Objectif opérationnel : trier et classer des objets selon différents critères (couleur, forme, qui se mangent, coupent....).

Evaluation : nous cotons 1. Les activités de conceptualisation sont actuellement très difficiles ; Paul leur témoigne un intérêt très relatif.

SEMAPHORE DE PAUL (5 ans 5 mois, moyenne section)

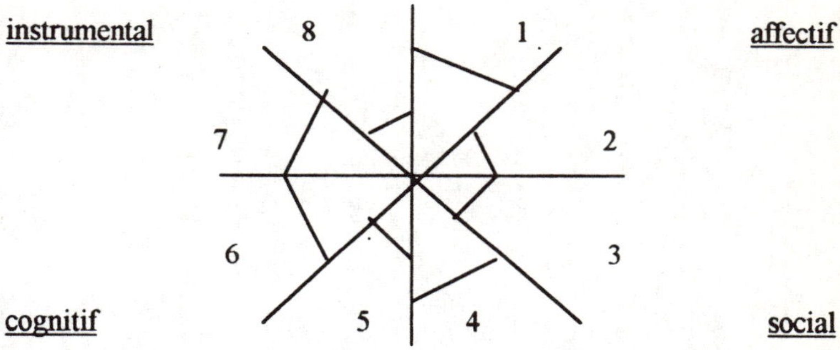

1 - Affirmer son autorité : s'habiller seul, se chausser seul, se laver les mains, reconnaître ses vêtements, son propre matériel.

2 - Dessiner avec différents outils scripteurs et différents supports (traces de Sa manière d'être, d'agir, de penser, expression de la personnalité) et acquérir un statut par rapport à ses productions (évaluer sa production, la conserver, la modifier, la jeter : contrôle et indépendance).

3 - Donner un destinataire à son dessin (établir un système symbolique de communication) : Famille/école/CMP

4 - Imiter : reproduire un rythme..

5 - Donner un sens à son dessin : trouver une signification, dénommer.

6 - Percevoir son schéma corporel (entraînement à cette perception ; montrer, nommer).

7- Manifester de l'intérêt à l'égard des livres et les utiliser : se rendre au coin bibliothèque, choisir un livre, apporter le livre à la maison, tenir le livre à l'endroit, tourner les pages dans le bon sens, solliciter l'adulte pour se faire raconter une histoire.

8- Trier et classer des objets selon différents critères (couleur, forme, qui se mangent, coupent). Confectionner un répertoire.

L'école thérapeutique ?

Enseigner à des enfants
en grandes difficultés psychiques

Mot à maux

Colette SAPIN *

Je suis institutrice de l'enseignement spécialisé depuis 1969. Je travaille dans la même classe (Education Nationale) depuis 1971, à Saint-Egrève, commune de la Banlieue de Grenoble.

La classe reçoit des enfants au comportement gravement perturbé (autisme, psychose, graves troubles de la personnalité), et quelquefois des enfants atteints de trisomie.

Mon travail est, sinon guidé par une stricte observance du programme, organisé par ce qui traverse l'école, à savoir la construction des connaissances (lecture, mathématiques, éveil, écriture etc...) auprès de ces enfants-là. Je souhaite vivement qu'il soit compris non comme un modèle mais comme des réponses que j'ai pu leur apporter au fil du temps.

* *Institutrice*

QUELQUES EXEMPLES DE MA PRATIQUE SCOLAIRE

Retour des vacances de Toussaint de l'année 1995.

Cette année-là, sont entrés quatre enfants qui ne parlent pas. Bien sûr, c'est difficile, mais je fais toujours dans ce cas, comme si les enfants parlaient. S'ils sont mutiques, c'est moi qui parle.

Et de quoi parle-t-on donc à ces enfants ?

- Du choix de leurs parents pour cette classe,
- du désir des parents de les voir « s'humaniser »,
- des engagements que j'ai pris avec leurs parents,
- de mon salaire donné par les parents pour que j'accomplisse mon travail (j'ai des comptes à leur rendre),
- de leur place dans leur famille,
- de leur nom,
- de leur sexe,
- de la loi qui humanise,
- des droits et des devoirs de chacun,
- des émotions qui nous envahissent si souvent et qui nous fragilisent, voire déstructurent, si par les mots, on ne les apprivoisent,
- de ce qui est permis, de ce qui est interdit à l'école, dans la classe, etc...

Que font ces enfants-là ? Ils viennent vérifier précisément à ce point de l'interdit (inter-dit).

A Sylvie, petite fille de six ans, minuscule, encore dans ses couches, je dis constamment, doucement, comme lorsqu'on s'adresse à un bébé, en penchant la tête, en utilisant mon index droit, « non, non, non, »

A Jean-Daniel, enfant qui laisse à penser qu'il est un enfant psychotique, (le diagnostic porté alors s'est avéré faux, on pourrait plus justement utiliser le mot d'Anny Cordié, d'enfant psychotisé), superbe enfant aux yeux intelligents et paisibles, je dis d'une voix douce mais ferme « non ! non ! non ! »

A Paula, enfant autiste de six ans aussi, turbulente, provocatrice, très active par rapport aux interdits, je dis, d'une façon tranchante et sans appel « c'est non ! ».

Au retour des vacances de la Toussaint, surprise ! Notre bonjour sera avec chacun d'eux, le non, qu'ils diront en paroles, avec mes intonations et gestes.

Mots pour mots !

Mohamed (enfant psychotique)

Il entre en classe, un peu en catastrophe, après avoir été mis hors de l'école maternelle pour de multiples raisons et enseigné par sa mère pendant deux ans, aidée d'une orthophoniste et d'un médecin psychiatre. Cet enfant lit à 7 ans comme un enfant du CM1/CM2, avec expression, liaisons et distinction (ce qui fait dire à ses parents qu'il est dans la normalité). De plus, il possède une excellente mémoire, une expression orale juste et raffinée. Les évaluations pointent néanmoins une grande hétérogénéité dans les compétences. Ce qu'il renvoie de la compréhension d'un texte est lacunaire, en pavé, sans liaison, sans articulation. Tout est d'égal importance. Il ne peut rien hiérarchiser. Il ne peut construire une histoire dont il est le héros, alors qu'il peut terminer une histoire avec un héros lambda, qu'il peut conjuguer un verbe très correctement, trouver l'appartenance d'un verbe à son groupe, etc…, etc...

Tout se passe comme si cet enfant reconnaissait le sujet de l'énoncé et ne pouvait aborder le sujet de l'énonciation, le sujet supposé désirer.

Autre difficulté. Il lui est tout à fait difficile, voire impossible de pratiquer des coupures dans une phrase écrite sans blancs entre les mots, alors qu'il réussit aisément à écrire sous la dictée. Effet de la psychose ? Impossible séparation ?

Puisque la classe c'est la classe, nous mettrons en place des exercices quotidiens, d'écriture, de lecture, où Mohamed pourra se heurter à ses difficultés. Mohamed apprendra à séparer les mots, à construire des histoires dont il est le héros, des commentaires sur ce qu'il pense d'un événement, soutenu pas à pas pour que, petit à petit, il puisse mettre un pied sur son angoisse.

Le travail thérapeutique progresse par ailleurs. La personnalité s'étaye.

Mohamed demande à ses parents des activités extra-scolaires (judo, piscine). Il peut sortir de la maison, se décrocher de sa mère, aller passer une nuit chez un copain, ne plus se tétaniser devant un animal domestique, chien ou chat.

La lecture a perdu de son exceptionnel. Mohamed se trompe.

Pourrait-il concevoir le manque ? Rentrerait-il dans le manque ?

Michel (il a 13 ans lorsque se passent les faits relatés)

C'est un enfant lunaire. D'ailleurs il se dit situé dans l'interstellaire (Michel l'Ange ?), très attiré par les constellations, dont il a grande culture. Il parle remarquablement bien, avec une tendance à séparer les mots comme en parler « robot ». Il est habité par une angoisse de disparition fulgurante.

Nous sommes au mois de mai. Il sait qu'il va quitter la classe pour un ailleurs. Nous sommes en activités mathématiques. Il est absolument inattentif. Je le gronde. Il éclate en sanglots et me demande haletant « dis, tu ne me laisseras pas me désintégrer ? » Je suis bouleversée. J'essaie de le rassurer malgré mon émotion. Son chagrin est immense, disproportionné. Il pleure. Rien ne le consolera. La récréation sonne. Il la passera à pleurer. Aucune intervention, aucune parole ne pourra le soulager. Nous revenons en classe. Que faire ? Je prends le dictionnaire et lis à tous l'article relatif au mot larme. Au fur et à mesure que la lecture progresse Michel s'apaise.

Quelle place a tenu le dictionnaire dans cet apaisement ? Valeur de tiers ? Marque du manque chez l'institutrice ?

Naïma

Elle a dix ans lorsqu'elle entre dans la classe. On la dirait « voyante » tant elle voit et devine avant tout le monde ce qui manque, ce qui ne va pas, ce qui fait défaut. Elle s'occupe de tout, partout. Bref, elle sait tout... sauf lire. La parole est souvent incompréhensible, comme en purée, bien que le vocabulaire soit là. Le scolaire achoppe sur l'apprentissage de la lecture. Pense-t-elle que pour savoir lire, il faut d'emblée connaître tous les mots ? A-t-elle baissé les bras parce que tant de mots lui échappent ? Parce que les mots çà fait mal ? La rivalité imaginaire à une soeur à peine aînée, très gravement handicapée, qui lui à pris une mère et dont le prénom viendrait parler, par la proximité phonétique (M) l'amour et la haine (M/N), est-elle si prégnante, que Naïma ne peut différencier les graphies ? Le désir inconscient de se différencier de cette soeur est-il si fort qu'elle ait fait une expérience totalitaire de la différence au point d'avoir rendu impossible cette activité intellectuelle fort utile à l'apprentissage de la lecture ?

Des exercices quotidiens, à dose homéopathique, seront chaque jour au programme de son groupe de travail : découpage de mots en syllabes, en graphèmes, reconstitution des mots et création de mots nouveaux. En somme, rien de moins classique que les exercices des classes ordinaires d'apprentissage de la lecture ! C'est une activité difficile pour elle, qui lui coûte, à laquelle elle passe du temps et du courage. Son langage s'améliore. Il comporte des poses. Il est beaucoup plus audible. Elle accepte de ne plus tout voir, de ne plus tout savoir, de ne plus s'occuper de tout un chacun, s'autocensure même. Elle lit.

Jean

Il a six ans lorsqu'il arrive en classe. Il est porteur d'un autisme grave. Il est mutique. C'est un enfant qui a beaucoup stimulé mon observation et ma créativité pédagogique et je l'en remercie. Il demande à corps et à cris des mots pour ses maux (hurlements, rage, mutilations).

Jean a une vraie fascination pour les chaussures des adultes, à tel point qu'il vous en lèche les semelles si par mégarde vous ne faites attention à comment vous placez vos pieds lorsque vous êtes assis. Et l'on sait bien que l'on est souvent assis avec les enfants. Le comportement est aberrant. Que faire après avoir expliqué à moult reprises que les chaussures ne sont pas des tartines ?

Nous avons pris un cahier, des catalogues genre Trois Suisses ou La Redoute. Nous avons repéré toutes sortes de chaussures, de la pantoufle aux cuissardes de pêcheur. Nous avons découpé, collé, nommé, écrit un mot par page sous chaque dessin, (en écriture script et en anglaise), en marquant les phonèmes et le rythme des mots. Ce fut notre premier livre de lecture. Les chaussures n'avaient plus de secret pour la maîtresse. Elles permirent à Jean de changer de goûter ! Le tour vient aux casquettes. Le livre s'alourdit de bonnets et tout couvre-chef. C'est ainsi que se créa une entrée en lecture.

Il y en eu d'autres !

Depuis son entrée en classe, il pleure rageusement, douloureusement, gémit, souffre continûment. Une thérapie analytique peut se mettre en place. Dès lors, le seul fait de prononcer le nom de son thérapeute l'apaise. (Tu en parleras à M. Untel). Les gémissements s'espacent et puis le silence se fait. La mère vient le chercher et le reconduire pour ses séances sans que cela ne génère de troubles particuliers. Un jour, à la suite d'une séance, Jean commence à appeler (plutôt à hurler) sa mère : « mamamamama... ». Cela se reproduit à chaque séance. Je sais par le thérapeute que le travail avance à grands pas... C'est le jeu du caché-trouvé...

Nous avons tellement supporté de lamentations de cet enfant que nous supportons encore. Tout de même, un matin c'est insupportable. Je m'entends dire que, nous, enfants d'êtres humains, nous avons un organe merveilleux, dans la tête, qui nous permet de penser aux personnes qui sont absentes, que pour penser nous avons des mots, que lorsque les mamans ne sont pas là, on peut les remplacer par des mots.

Sur le champ, je fabrique des étiquettes-mots : papa, maman, ma soeur, mon frère, le chat, le rat, l'école, le cartable... (une dizaine de mots importants dans la vie de Jean). Nous les mettons dans une boîte que j'appelle la boîte « des mots pour penser » (c'est écrit dessus). Ce ne sera que quelques jours plus tard que je pourrai y lire « des mots pour panser » ! La boîte sera mise, dans un premier temps, sur la table de l'enfant, mais devenant un objet de folie, comme tout objet, elle sera posée sur ma table. Ce fut un outil pacificateur. Chaque fois que Jean réclamait sa mère, je lui disais d'aller chercher le mot maman. Il le prenait, le posait sur son bureau, le léchait... Un jour, je pus supposer qu'il voulait sa mère. Il alla chercher le mot, le mit dans sa poche et revint joyeusement à sa place. Cette boîte s'est enrichie d'expressions d'affects (colère, rage, joie, dans une bonne variété de nuances, écrites à la première personne). Jean allait y puiser selon son humeur. Il lisait.

D'autres outils furent fabriqués avec Jean, qui ont permis de travailler les notions de temps.

Toujours demandeur de sa thérapie, le jour « j », il arrive en classe en disant le nom de son thérapeute. Il n'est pas installé à sa table qu'il est fin prêt à partir. (Le R.V. est à 15H 30. Nous avons le temps !). Il gémit, gémit, appelle le thérapeute à l'aide, organise des répétitions de départ. Je lui indique l'heure de sa thérapie sur la pendule de la classe. Il passera de longues heures à regarder la pendule, assis devant elle, en silence, pour attendre l'heure. Un jour, je lui donnerai un réveil témoin, sur son bureau. Il vaquera à ses occupations, de temps en temps prendra le réveil, ira comparer l'heure du réveil à celui de la pendule. Nous profiterons de cette pratique pour amorcer la lecture de l'heure avec tous les enfants de la classe.

Sa mère, me dit un jour son inquiétude de voir son enfant redevenir insomniaque, hurlant, capricieux. Les vacances pascales approchent (15 jours environ). La famille doit se rendre en T.G.V., chez les grands-parents. L'annonce de cette visite correspond aux troubles actuels. Jean réclame « valise », « T.G.V. ».

Nous nous installons en classe autour du calendrier et nous en fabriquons un, illustré, sous forme d'une bande numérique sur laquelle on déplace une épingle à linge chaque jour. Laisse-t-on le calendrier à l'école, ou l'emporte-t-on à la maison ?

Jean l'emportera, demandera à son père de l'accrocher dans sa chambre, fera glisser l'épingle à linge chaque matin avant de venir à l'école. Les nuits familiales retrouveront leur quiétude.

Marguerite Yourcenar soutient que la bibliothèque « est l'hôpital de l'âme ».

Après bien des années passées auprès de ces enfants énigmatiques, je pense que non seulement la bibliothèque est l'hôpital de l'âme, mais l'école tout entière. L'a-t-on oublié à force de « fonctionner » ? A-t-on oublié que cette institution voulue pour tous les enfants est un véritable « barrage contre le Pacifique » de nos démons pulsionnels. Cette création, en dehors de la famille a sûrement des vertus importantes pour la construction de l'être humain, vertus que l'on oublie peut-être, tant cela devient un lieu de vulgaire consommation.

La demande scolaire des enfants aliénés, leur respect de l'espace classe (avec toutes les contraintes qu'ils y rencontrent), me soutiennent à témoigner de l'utilité voire de la nécessité de l'école, à temps complet, avec sa panoplie d'outils et de moyens, pour apporter des réponses à leur angoisse mutilante. Une question se pose à moi : dans la réalité banale d'une classe banale de l'école, tout enseignement n'est-il pas là aussi, à l'insu (l'in-su) des maîtres pour panser les maux ? (penser les mots ?)

Je laisserai à Jean le soin de conclure.

C'était en mars. Nous avions passé presque quatre années ensemble. Nous allions nous séparer en juin. Pendant l'année, nous avions travaillé, en lecture, avec le groupe des petits dont il faisait partie, sur les emballages de produits alimentaires. Nous avions repéré entre autres les deux sigles possibles du recyclage de l'emballage : les deux flèches faisant cercle, les flèches faisant triangle. Jean ne cesse de venir me présenter le signe triangulaire en disant « re cy cla ble ». Comme souvent, je confirme la justesse de l'observation et je n'y comprends rien. Les jours passent. Cela devient une litanie. Cela devient insupportable. Je dis alors à Jean « Peut-être, veux-tu me dire que tu es recyclable ? » L'enfant s'arrête, fait silence, me regarde avec ce regard qui lui est si particulier, reste silencieux un bon moment, va à la poubelle, jette le petit morceau d'emballage, s'en retourne à sa place en fredonnant une chanson. Jusqu'à la fin de l'année, il n'en sera plus question.

Du dedans au dehors : A propos d'une expérience de classes thérapeutiques externalisées

*Françoise CHABERT **
*Marie Christine LEON **
*Docteur Laurent METZGER **

* *Psychologue clinicienne*
* *Directrice de l'Ecole Spécialisée du Centre Hospitalier de St Egrève*
* *Psychiatre des Hôpitaux, chef de service*

Docteur Laurent METZGER

La scolarisation d'un enfant au sein d'un hôpital de jour s'inscrit dans une démarche qui envisage d'articuler les différents aspects de la prise en charge dans un même lieu, un même contenant (le soin, l'éducatif, le pédagogique). Cette démarche est rendue nécessaire par le fonctionnement psychique non unifié de l'enfant, le défaut de liens internes étant notamment traité à travers les liens développés dans l'institution entre les adultes intervenant. Au vécu de morcellement intérieur de l'enfant psychotique et à l'angoisse qui en résulte, la mise en lien dans l'institution, notamment par le langage utilisé au quotidien, doit permettre à l'enfant la construction d'un vécu moins chaotique, d'une continuité interne permettant la constitution du sentiment d'identité et l'accession aux processus de symbolisation nécessaires aux apprentissages.

Ainsi dès la création des Hôpitaux de Jour des classes internes à ceux-ci ont-elles permis de scolariser, chacun selon ses possibilités, des enfants aux troubles très profonds de la personnalité. A cet effet l'Education Nationale a mis à disposition des enseignants permettant que tout enfant hospitalisé puisse se rendre en classe, au sein d'un groupe d'enfants, pour un temps variable dans la journée (de quelques minutes à une demi-journée). Ces classes internes représentent donc un lieu repérable dans l'espace et dans le temps, l'enseignant lui-même repéré en tant que tel, n'intervenant dans la vie du Centre que pour accompagner l'enfant dans son cheminement cognitif. Il participe à certains temps globaux de réflexion concernant les enfants (synthèses) et à des moments réguliers de rencontres informelles avec les soignants.

Cette scolarisation, outre le développement des aptitudes cognitives et des acquis qui en découlent, permet donc du fait de l'organisation de ces temps groupaux spécifiques, d'introduire une dimension de socialisation dynamique en positionnant chaque enfant, quelles que soient ses capacités, dans une place d'élève. Cette place va l'aider progressivement dans la construction de son identité, sachant que jusqu'alors les enfants qui nous sont confiés dans l'Hôpital de Jour (enfants de 6 à 12 ans) ont vécu des situations très difficiles dans le cadre des classes qui les ont accueillis.

Au fil du temps nous avons cependant constaté qu'une trop grande hétérogénéité, tant dans le degré des troubles psychoaffectifs que dans le fonctionnement cognitif, créait des difficultés ne permettant pas à chaque enfant de tirer un maximum de bénéfices. Il nous est donc apparu que pourrait être introduit un cadre de scolarisation nouveau pour des enfants qui resteraient globalement pris en charge dans le cadre de l'Hôpital de Jour, mais qui pourraient bénéficier, du fait de l'évolution de leur personnalité et de leur niveau de compétence cognitive, d'une insertion plus proche du milieu scolaire habituel. Une telle classe *« externalisée »* fait donc totalement partie de l'Hôpital de Jour tout en se situant dans un groupe scolaire où la dimension thérapeutique de l'intégration au milieu environnant pourra être travaillée dans des conditions optimales. Les classes internes représentaient déjà, même si elles se situaient à l'intérieur des centres de jour, une sorte de chaînon intermédiaire entre le dedans hospitalier et le dehors social. Avec la création des classes externalisées, une étape de plus était franchie vers ce dehors social.

La première de ces classes a ouvert fin 96 dans un des groupes scolaires de Grenoble, tenue à mi-temps par un des enseignants des hôpitaux de jour. A la rentrée de septembre 1998, il existe dorénavant trois classes externalisées fonctionnant à mi-temps : deux à Grenoble et une à St Egrève, cette dernière accueillant notamment des enfants pris en charge dans le cadre d'un Centre d'Accueil Thérapeutique à Temps Partiel (C.A.T.T.P.) situé à St Egrève. Quatre demi-journées par semaine, des enfants vont y recevoir des séquences de soins qui s'articulent donc au mi-temps de scolarisation en classe externalisée.

Ces classes externalisées présentent un mode de fonctionnement spécifique, lié au fait que chaque enfant reste dans un processus de soin global. Ainsi, si cela est nécessaire, une articulation immédiate avec l'équipe de soins dont dépend l'enfant peut être réalisée. Il s'agit d'un protocole rarement utilisé, les enfants admis dans ces classes devant avoir un comportement compatible avec le type de socialisation qui leur est proposé.

Par ailleurs, des temps spécifiques de soignants (infirmiers, psychomotricienne) sont mis à la disposition de ces classes externalisées afin notamment de favoriser l'accompagnement relationnel et éducatif auprès des enfants, l'aide et le soutien dans tout ce qui se rapporte à leur intégration sociale (récréations, activités communes avec d'autres classes...).

Chacune de ces classes externalisées peut accueillir 6 à 8 enfants au même titre que les classes internes des Hôpitaux de Jour, avec la nécessité pour ces enfants de pouvoir se maintenir la demi-journée dans le groupe classe, alors qu'en classe interne les temps de présence sont beaucoup plus à la carte, fonction des troubles de l'enfant.

L'Education Nationale, dans cette dynamique évolutive élaborée en étroite collaboration avec nos services, a mis à la disposition de l'école du C.H. de St Egrève un temps plein d'enseignant supplémentaire (lors de l'ouverture de la première classe externalisée un premier mi-temps, et pour cette rentrée scolaire un deuxième mi-temps). Ainsi cette école dispose de trois enseignants, chacun pratiquant à mi-temps en classe interne, et à mi-temps en classe externalisée.

L'indication d'entrée d'un enfant dans une classe externalisée relève de la prescription d'un médecin qui est responsable de la prise en charge en Hôpital de Jour (et maintenant C.A.T.T.P.). Il n'y a pas de passage par la C.D.E.S. comme pour les C.L.I.S. Il existe cependant une équipe de coordination qui n'a pas de responsabilité directe auprès des enfants, mais qui est un interlocuteur privilégié pour les équipes, l'école qui reçoit, l'administration hospitalière. Elle donne par ailleurs un avis quant à l'admission de l'enfant dans l'une des classes externalisées. Cette commission est composée de la Directrice de l'école qui fait partie des trois enseignants, d'un psychiatre, d'une psychologue et d'une surveillante qui outre ses fonctions dans un Hôpital de Jour coordonne ce qui concerne les trois classes externalisées.

Notons que si dans un premier temps ces classes externalisées étaient destinées aux enfants initialement scolarisés en classes internes et qui franchissaient une étape évolutive, aujourd'hui de plus en plus d'indications d'Hôpital de Jour sont réalisées avec d'emblée une demande de classe externalisée. Il s'agit sans doute d'une prescription au plus près des besoins des enfants, et des familles si souvent réticentes face à ce qu'elles ressentent comme une déscolarisation de leur enfant lorsqu'il rentre en Hôpital de Jour. Ne négligeons cependant pas le risque de voir des indications posées plus par rapport à des possibilités très privilégiées de scolarité, qu'en tant que véritables indications de soins. Nombreux sont en effet les enfants qui ne relèvent pas ou que très imparfaitement de ce que l'Education Nationale peut proposer, même dans les classes d'intégration scolaire (CL.I.S.). A propos de celles-ci, il est important de souligner combien leurs enseignants savent accueillir des enfants en très grande difficulté. L'ouverture de nos classes externalisées, avec le grand soutien qu'a apporté l'Education Nationale dans ce mouvement, relève probablement en partie du constat de limites qui s'imposent aux CL.I.S. dans la scolarisation de certains enfants.

Marie Christine LEON

Une classe dans l'Hôpital de Jour et une classe en dehors de l'Hôpital de jour, voici donc deux propositions faites aux enfants hospitalisés en psychiatrie.
Et pour l'Instituteur nommé à l'Ecole Spécialisée du Centre Hospitalier de Saint-Egrève :

- pourquoi enseigner dedans ?
- pourquoi enseigner dehors ?

Quel est le but de ces deux fonctionnements ?
Quels en sont les enjeux ?
Et pourquoi faut-il maintenir ces deux propositions ?

Je vais tout d'abord énoncer quelques "lapalissades" nécessaires de se répéter quand on est instituteur auprès d'enfants psychotiques :

- un enseignant, ça enseigne,
- il a une classe,
- il s'adresse à des élèves, c'est-à-dire à un groupe d'enfants et ces élèves sont là pour apprendre,
- l'école a des rites, une loi, auxquels se soumettent élèves et enseignant.

Alors, comment ces préalables peuvent-ils être mis en place avec des enfants qui justement, pour la plupart, n'ont pas l'autonomie psychique de se constituer en élève et encore moins en groupe parce qu'ils sont si souvent carencés au niveau de leur identité. Etre un élève est donc souvent à des années-lumière de leur préoccupation et même de leurs possibilités conceptuelles.

L'Education Nationale et la Santé font cette gageure, relèvent ce défi et proposent depuis fort longtemps déjà la scolarisation de ces enfants.

Si la pédagogie n'a jamais guéri la psychose, elle n'en reste pas moins un acteur dans l'évolution des enfants, en favorisant leur progression cognitive, en construisant leur lien social et donc leur liberté future.

Les trois enseignants de l'école spécialisée du Centre Hospitalier de Saint-Egrève ont la charge de scolariser des enfants ayant de graves troubles de la personnalité, psychotiques, voire autistes. Ils ont chacun la responsabilité d'une classe à mi-temps dans un Hôpital de Jour et d'une classe à mi-temps, dite externalisée car insérée dans une école primaire ordinaire.

Les deux propositions : intérieur / extérieur permettent de la souplesse dans le suivi des enfants, dans leur évolution, dans leur projet.

- Ainsi la classe "intra-muros", souvent concernée par les enfants les plus souffrants, est soit une première approche de l'école, soit une réconciliation possible avec elle. Elle a une place repérable dans l'Hôpital de Jour, de même que l'instituteur dont les fonctions sont bien différentes de celles des soignants et pourtant en collaboration étroite et vivante avec eux.

La classe permet à l'enfant de s'intégrer progressivement à un groupe, souvent pour la première fois, de devenir un élève. Ayant des rites semblables à ceux de tous les écoliers, bien qu'assouplis, l'enfant commence alors son chemin dans le dédale des connaissances, en s'appuyant sur les activités pédagogiques proposées, même si elles paraissent parfois très à minima.

L'enseignant fait à l'enfant une offre vers le savoir, vers le monde extérieur, une offre de la loi commune. Le désir d'apprendre émergera alors peut-être, c'est en tout cas ce à quoi s'ingénie l'instituteur.

- La classe externalisée accueille elle aussi des enfants particuliers, psychotiques, entravés le plus souvent dans leur progression scolaire par des difficultés mentales et relationnelles.

Mais leur évolution à l'Hôpital de Jour ou dans le C.A.T.T.P. où ils sont soignés laisse penser qu'il leur est possible de se frotter un peu plus au monde extérieur et que, ce faisant, ils pourront conquérir plus d'autonomie. Le contact avec d'autres enfants, qui autrefois pouvait être paralysant, devient alors stimulant.

Ainsi l'instituteur et ses élèves (8 au maximum) "habitent" une école primaire, c'est-à-dire qu'ils y ont une classe, repérée comme classe spécialisée. Si les apprentissages fondamentaux se font dans la classe, compte tenu du décalage très important entre l'âge de chacun et son niveau de compétence, cette classe s'intègre dans l'école, dans le projet d'école et participe avec les autres classes à des activités et des enseignements communs : la musique, la gymnastique.

L'école d'accueil a un rôle fondamental et généreux dans cette affaire, car administrativement elle n'en tire aucun profit. Les élèves de la classe externalisée et leur maître ne sont pas comptabilisés dans les effectifs de cette école. Cela marque une différence avec les CL.I.S. Pourtant, c'est l'accueil des instituteurs, leur regard bienveillant porté sur nous, qui vont faire que cette expérience nouvelle favorisera une vie sociale ultérieure.

Je profite de l'occasion qui m'est donnée aujourd'hui pour dire ma gratitude à tous les collègues qui contribuent activement à cette expérience. J'espère que travailler avec nous les enrichit ainsi que leurs élèves car nous, nous nous enrichissons à leur contact.

Comme je le disais précédemment la classe externalisée n'est pas une CL.I.S. Elle s'en différencie par son fonctionnement à mi-temps et cela, non pas pour une raison administrative, mais parce que les enfants accueillis sont dans l'incapacité de vivre, d'apprendre, d'être à l'école plus longtemps. Ils n'en ont pas les moyens psychiques, sont beaucoup trop instables et ont besoin de soins. Ainsi, l'autre mi-temps consacré aux soins est le garant de cette scolarité. Sans eux, il n'y aurait tout simplement pas d'école possible.

Ce partenariat avec la Santé, ces deux axes soins / éducation, la co-responsabilité des soignants et des enseignants, voilà l'armature de la prise en charge de ces enfants ; c'est ce qui en fait le dynamisme, qui évite trop de découragement, et qui permet de s'adapter au plus près des nécessités des enfants.

Je vais maintenant vous donner quelques exemples de la vie quotidienne.

Je suis à l'école Painlevé (Grenoble - 38).

Nous nous intégrons à l'emploi du temps de celle-ci et au même titre que les autres classes, nous utilisons le matériel de gymnastique, la B.C.D, la salle de musique.

Les collègues de CE1 nous accueillent pour la chorale avec leurs classes, les C.P. prennent 3 de mes élèves en cours de gymnastique. Ces moments sont une stimulation incomparable.

Cela aide mes élèves dans leur rencontre avec les autres enfants en récréation, cela les aide à s'adresser directement aux autres maîtres ou maîtresses sans passer par mon intermédiaire, cela leur donne un but, celui de partager avec d'autres, d'être un parmi les autres.

Par exemple, l'an dernier, un garçonnet avait un comportement vraiment très difficile. Il m'a épuisée, particulièrement pendant les cours d'éducation physique que nous faisions seuls. Il laissait libre cours à ses fantaisies, et Dieu sait combien elles étaient variées. Voyant cette année trois de ses camarades aller avec les C.P. pour la gymnastique, il a réalisé ce qui le séparait de cette possibilité. Et le désir d'être avec eux est tel qu'il fait des efforts extraordinaires pour se maîtriser, pour écouter les règles. Et il change ! Il en est même émouvant ! Il pourra rejoindre ce groupe prochainement si tout va bien et c'est son but.

Un autre exemple, collectif celui-là. L'école, dans son ensemble, travaille sur le thème du Dauphiné. En juin, il y aura une exposition des travaux d'élèves. Alors, nous aussi, nous nous intégrons à ce projet et nous avons proposé d'étudier les 7 Merveilles du Dauphiné (une collègue a gentiment fait remarquer que mes élèves étaient au nombre de 7, et que ce choix leur allait bien !).

Un véritable enthousiasme se propage dans ma classe. Mais ce n'est pas le thème qui les séduit, cela aurait pu en être un autre. Ce qui les mobilise, c'est de montrer quelque chose aux autres enfants et aux autres instituteurs, c'est de faire un travail reconnu par les autres.

C'est peut-être le désir d'estomper les différences, en tout cas celui de vivre ensemble.

Nous rencontrons aussi des échecs, des difficultés.

On a l'habitude de référer l'école au niveau intellectuel, à la possibilité d'apprendre, aux capacités des enfants. Pourtant, cela ne suffit pas et même, ce n'est pas ce versant qui peut être incompatible avec une intégration dans une école primaire. En revanche, certains troubles du comportement, certains symptômes, détériorent la vie sociale, empêchent une communication minimale.

L'an dernier, nous avons dû renoncer à l'intégration d'un enfant compte tenu de son encoprésie. Au bout de deux mois, il a continué sa scolarité au Centre de Jour car se salir quotidiennement le mettait à l'écart des autres, le désignait, et cela est vite devenu intolérable.

Cette année, un garçon pousse des cris apparemment incoercibles. Au bout d'une semaine, les classes adjacentes à la nôtre étaient perturbées par ces cris. Les enfants des autres classes étaient gênés dans leur travail. Cet enfant est retourné 15 jours à l'Hôpital de Jour. Actuellement, nous retentons une intégration. J'espère qu'elle sera fructueuse. Si ces cris restent persistants, il ne pourra rester à l'école.

Ce travail d'intégration dans l'école primaire se fait grâce à un infirmier qui vient deux demi-journées dans la classe. Il est le lien avec l'Hôpital, il est l'appui sur lequel les enfants peuvent compter quand ils en éprouvent le besoin. Il est bien sûr l'accompagnateur de cette intégration et ainsi nous avons une chance de gagner notre pari, celui de vivre, d'étudier avec des enfants ordinaires, sans pour autant être dans le leurre qui consiste à vouloir gommer les différences. Car différence il y a. Pourtant les enfants psychotiques montrent qu'ils peuvent aussi aller à l'école, partager des moments d'apprentissages et des moments de jeux avec d'autres.

Françoise CHABERT

En tant que psychologue clinicienne, mon propos se centrera autour de l'exemple d'un enfant.

Je voudrais tout d'abord citer René Diatkine qui nous disait « A l'âge des apprentissages systématisés, il est nécessaire que l'enfant soit capable de jouer mentalement avec les données qu'un adulte étranger à la famille propose, qu'il s'agisse de la langue écrite ou des mathématiques. Il lui faut donc laisser en suspens sa rêverie interne, sans que cette interruption provoque une expérience de perte, ce qui nécessite un déplacement de l'investissement du jeu personnel sur celui du calcul, de l'orthographe ou de la grammaire ».

A travers ce que nous dit René Diatkine, et à travers notre expérience, nous savons combien il est complexe *d'apprendre* et combien c'est encore plus difficile pour un enfant en difficulté psycho-pathologique.
Dans notre pratique nous sommes frappés, en consultation de C.M.P. mais surtout à l'hôpital de jour, par ces enfants pris en charge dans ces lieux de soin. Ils ont 6 ans, 7 ans, ils ont « l'âge du C.P. », ils ont déjà été maintenus en classe maternelle parce qu'ils étaient en difficulté pour acquérir les « pré-requis » nécessaires aux apprentissages scolaires élémentaires. Quand ils entrent en C.P., en classe d'adaptation ou en CL.I.S., parfois après un C.P. échoué, tout se passe comme si un puissant blocage s'exerçait sur la capacité d'apprendre de ces enfants, rien ne « rentre » et surtout pas la lecture.

Ainsi, Christophe, entre à l'hôpital de jour à temps partiel, à 6 ans et demi. Il a des difficultés importantes d'adaptation scolaire et présente des troubles du comportement (bagarre, opposition). A la maison il est aussi dans l'opposition, la recherche des limites, de façon violente.

Parallèlement au centre, Christophe est en classe d'adaptation tous les matins, durant une première année où il est très cadré dans son comportement par une maîtresse autoritaire. Ceci minimise considérablement ses troubles du comportement en classe. Mais il a de grosses difficultés à fixer son attention, il ne fait aucune acquisition cette année-là ; pas plus que l'année suivante où il est de nouveau en classe d'adaptation avec une nouvelle institutrice. Son comportement d'agitation va croissant : il crie, monte sur son bureau, jette ses feutres et ceux des autres, empêchant le travail éventuel de tous les enfants de la classe. Au deuxième trimestre, l'école demande de le prendre plus à l'hôpital de jour. Il reste dans son école, beaucoup moins, et connaît des décisions d'exclusion ponctuelle, trois jours, une semaine, à cause de son indiscipline.

Au centre, au plan clinique, il a un comportement très bagarreur et agressif, il a besoin systématiquement d'être leader du groupe, demande sans cesse d'être pris en charge seul, par un adulte (pour en être plus sûr il le demande à plusieurs adultes à la fois). Quand il s'exprime, il se montre très profondément angoissé, ayant des peurs profondes (maladies, mort, être une fille,...). Il est constamment dans un besoin et une recherche de toute puissance, en contre partie d'un profond vécu d'impuissance, d'insécurité.

L'année scolaire suivante, Christophe est pris en charge à temps complet en hôpital de jour, scolarisé à mi-temps en classe externalisée. Durant cette année-là, il s'est intéressé aux apprentissages scolaires et a démarré l'apprentissage de la lecture.
Nous avons vu Christophe interpeller souvent une infirmière pour l'aider à travailler, à faire un devoir ou préparer son après-midi d'école, s'apercevant que ce n'était pas si impossible, l'école.

Au centre, il s'est montré beaucoup moins agité et exigeant, pouvant communiquer par la parole, n'étant plus seulement dans la bagarre et le passage à l'acte.

On peut penser que les liens que nous avons mis en place pour lui entre le centre et l'école l'ont aidé à se permettre un espace de pensée où il aurait la possibilité d'apprendre.

Il nous a alors donné l'impression de pouvoir abandonner en grande partie la séparation, le clivage qu'il maintenait dans sa tête entre le scolaire et le non scolaire. Ce n'était plus nécessaire : dans le combat contre l'impuissance angoissante et l'échec, on l'aidait autrement.

Ces enfants, comme Christophe ou d'autres enfants de l'hôpital de jour, présentent des troubles importants de la personnalité, de l'ordre de l'autisme, de la psychose, ou de la dysharmonie psychotique. L'origine de ces troubles remonte à la petite enfance.

Nous n'allons pas entrer ici dans une étude étiologique. Mais nous pouvons comprendre comment, chez ces enfants dont nous parlons, du fait de la problématique pathologique de l'organisation de leur personnalité, les apprentissages scolaires ne vont pas pouvoir venir "s'engranger" normalement.

Ces apprentissages font appel à une souplesse de mise en jeu des mécanismes d'introjection-projection-réintrojection qui ne peut se faire que si les enveloppes psychiques sont en place.

Maurice Berger, Pédopsychiatre et Psychanalyste, souligne que les troubles cognitifs ont toujours pour corollaire une carence de la représentation de soi. Celle-ci se développant dans le cadre de la relation précoce environnement maternel-enfant. « C'est au sein de cette relation interactive que l'enfant bâtit son rapport à la réalité ». C'est ce que, reprenant les concepts de Winnicott, Maurice Berger appelle la « Transitionnalité ».

Cette Transitionnalité est fondatrice de l'évolution psychologique et intellectuelle de l'enfant. Si elle est défaillante, l'activité représentative puis la mise en place des processus symboliques qu'elle fonde sont en risque de ne pas pouvoir se développer.

Pour les soignants de l'hôpital de jour, pour les instituteurs, il va s'agir de battre en brèche le plus possible l'installation de la déficience intellectuelle qui est un risque majeur chez les enfants psychotiques, dysharmoniques, du fait de la pensée rigidifiée, de la difficulté de l'enfant à construire son identité, ses enveloppes psychiques.

En classe externalisée, il ne s'agit pas d'intégrer à tout prix les enfants tous ensemble dans la même école. Il s'agit de donner à l'enfant en difficulté, une possibilité supplémentaire de vivre une part de sa vie sociale dans l'école de tous, hors du cocon institutionnel.

En effet, cette classe prend sens parce qu'elle est au *dehors*, en articulation avec le *dedans* (de l'hôpital de jour), c'est-à-dire dans une relation qui vient lutter contre le clivage qui est un moyen de défense pathologique que l'enfant perturbé a tendance à utiliser pour éviter l'angoisse.

- Parce que cette classe est un groupe-classe, il y a comme dans les autres classes, une stimulation par comparaison, émulation des enfants les uns par rapport aux autres.

- Mais parce que l'effectif de la classe est réduit, l'enseignement peut être personnalisé, et l'enfant qui est dans des difficultés narcissiques très importantes n'est pas dans une difficulté comparative trop dévalorisante et inquiétante.

Au sein de ce (petit) groupe, l'enfant se sent suffisamment contenu quand l'excitation anxieuse trop forte demande à s'exprimer.

Pour l'autre mi-temps de sa journée, l'enfant sera pris en charge par l'hôpital de jour.

Nous émettons l'hypothèse que dans ces conditions d'articulation, de lien, de passage de l'intérieur vers l'extérieur, du lieu de soin vers l'école, nous avons pu créer des conditions meilleures pour favoriser chez l'enfant la remise en route de l'activité symbolique ; pour favoriser la mise en lien de ses propres représentations *et* du contenu des apprentissages à faire.

Je voudrais souligner que dans ce dispositif, cette articulation dedans-dehors, un élément important est *l'accompagnement,* c'est à dire non seulement le transport d'un lieu à l'autre, mais surtout la présence, à temps partiel, d'un soignant à l'intérieur de la classe, ceci permettant aux enfants :

- de faire des sorties éducatives hors de l'école,
- de personnaliser le passage du dedans avec le dehors,

aidant ainsi l'enfant à se donner la permission de faire les liens internes nécessaires à l'unité de sa vie psychique,

- la présence de cette personne permettant aussi, à certains moments, quand la tension interne est trop forte, quand l'effort d'attention n'est plus possible, que l'enfant "se pose", individuellement, avec quelqu'un qu'il reconnaît et qui l'aide à se connaître.

Tous les enfants de l'hôpital de jour ne peuvent accéder à cette classe externalisée, du moins dans un premier temps : ils sont dans des difficultés de représentations, de mises en lien qui nécessitent autour d'eux une organisation de vie plus serrée, mais qui ne doit pas non plus tomber dans une trop grande homogénéisation. Il est nécessaire alors que l'articulation entre les temps et lieux d'école soit plus contenante bien que respectant la différenciation.

Il est bien certain que ces deux propositions : *Ecole du dehors*, *Ecole du dedans* ne sont pas deux propositions différentes, elles sont nécessaires toutes les deux, complémentaires l'une de l'autre, pouvant être, espérons-le, souvent, la suite l'une de l'autre, du dedans vers le dehors.

Du Graffiti à l'écrit
Une pratique d'intégration scolaire

Introduction

Docteur Michèle DAMIRON *

Nous appelons « GRAFFITI » l'unité du Secteur Infanto-Juvénile I 03 qui s'occupe plus particulièrement des troubles de l'apprentissage scolaire des enfants en difficulté psychique grave.

Cette unité travaille en collaboration avec les deux CL.I.S. (A et B) de l'école M. Cachin d'Echirolles.

Cette collaboration date de l'année scolaire 1991/1992.

Nous avons repris le terme « Graffiti » dans l'intitulé de notre intervention.

Graffiti signifie inscription, dessin griffonné à la main sur un mur. Néanmoins, comme nous ne voulons pas laisser supposer que nous incitons nos patients à dégrader les bâtiments publics, j'ai eu la chance d'apprendre que, avant le XIX siècle, le terme de « Graffiti » désignait tous griffonnages, grattages et gribouillis quels que soient leurs supports.

---

* *Pédo-psychiatre*

« Gribouillis » est un terme familier de la langue française moins élégant que « Graffiti » mais convient bien aussi car il désigne une écriture illisible, un dessin ou peinture, brouillés, informes.

L'intitulé de notre intervention répond à un double souci :

- celui de rendre compte de notre voeu tout à fait concret d'aider les enfants dont nous avons la charge - et qui sont pour la plupart en grande difficulté scolaire - à acquérir les rudiments de la lecture/écriture et du calcul,

- mais aussi de rendre compte de notre souhait de comprendre ce qui, pour chacun, fait obstacle à ces acquisitions. C'est dans ce sens que j'entends alors l'intitulé de notre intervention comme le parcours métaphorique allant de ce qui ne peut se déchiffrer, qui est gribouillé et posé comme énigme, à ce qui peut se lire clairement comme trace d'une subjectivité, peut-être, mieux assumée.

Par ailleurs, Graffiti renvoie à quelque chose hors la loi, à une transgression des codes sociaux tout comme à une interpellation des représentants de ces codes sociaux. L'usage de l'écriture, au contraire, suppose l'assentiment à une loi commune, quitte à ce que son usage serve secondairement à en dénoncer les effets.

Une pratique d'intégration scolaire : approche descriptive

Serge MANIN *

L'hôpital de jour a longtemps représenté l'équipement phare d'un secteur de psychiatrie infanto-juvénile pour l'accueil thérapeutique des enfants souffrant de troubles graves de la personnalité. Aujourd'hui, à côté de ce dispositif et avec l'avènement des Centres d'Accueil Thérapeutique à Temps Partiel, la mise en place de soins à temps partiels associés à une intégration scolaire dans une école ordinaire proche du lieu de soins constitue une proposition complémentaire des autres formes de prises en charges dites « *plus institutionnelles* ».

Depuis le début des années 1990, une série de textes et de documents administratifs impliquant les différents acteurs constitutifs du champ de l'enfance en difficulté ont résolument installé notre pays sur les rails de l'intégration scolaire.
Du côté de l'école, la circulaire du 18 novembre 1991 relative à la scolarisation des enfants handicapés à l'école primaire institue les Classes d'Intégration Scolaire. Ces

* *Psychologue*

classes accueillent de façon différenciée, dans les écoles élémentaires des élèves handicapés physiques ou handicapés sensoriels ou « handicapés » mentaux qui peuvent tirer profit, en milieu scolaire ordinaire, d'une scolarité adaptée à leur âge et à leurs capacités, à la nature et à l'importance de leur handicap.

Du côté des affaires sociales, la réforme des annexes XXIV souligne l'importance de l'action éducative auprès des élèves handicapés accueillis dans les établissements spécialisés, ainsi que celles des pratiques visant à leur intégration scolaire. Elle préconise la création de Services d'Education Spéciale et de Suivi de l'Intégration Scolaire, fonctionnant comme des unités sectorisées travaillant au plus près des établissements scolaires.

Du côté de l'Intersecteur de psychiatrie infanto-juvénile, la circulaire du 11 décembre 1992 relative aux orientations de la politique de santé mentale en faveur des enfants et adolescents rappelle l'importance d'une identification des besoins dans le domaine de l'éducation et la nécessité de coopérer avec l'école. L'attention est attirée sur l'avènement de dispositifs comme les Centres d'Action Thérapeutique à Temps Partiel (C.A.T.T.P.) qui permettent de mener des actions multipolaires en liaison avec les intervenants du champ scolaire. Le partenariat avec l'école fait l'objet d'une attention particulière puisque l'on peut lire : « *des actions particulières se révèlent indispensables afin de poursuivre l'insertion scolaire ou de la réaliser dans des conditions satisfaisantes, en lien étroit avec les familles. Ces actions conjointes thérapeutiques et pédagogiques appellent une collaboration entre école et équipe de santé mentale.* »

C'est dans l'esprit de ces orientations nationales que notre service de psychiatrie de l'enfant et de l'adolescent s'est engagé dans une collaboration étroite avec une école. Cette collaboration a permis la création d'une première classe intégrée en 1991, puis d'une seconde en 1995. Chacune de ces classes accueille dix à douze enfants d'âge scolaire dont les troubles graves de la personnalité et du comportement impliquent des altérations importantes des procédures d'apprentissage. Elles représentent deux niveaux différents en fonction de l'âge et des capacités de l'enfant en lecture. Ces classes sont partie prenante du projet de l'école d'accueil, elles participent à la vie de la communauté scolaire au même titre que les autres classes du groupe scolaire et elles sont placées sous la responsabilité des enseignants et du directeur d'école.

PRINCIPES GENERAUX

Proposer à des enfants qui présentent des troubles psychopathologiques parfois graves, incluant des désorganisations des processus de pensée, de fréquenter l'école suppose une réflexion approfondie par rapport au cadre dans lequel s'inscrit cette expérience, aussi bien au niveau de l'école qui accueille l'enfant qu'au niveau du service de soins qui assure son suivi. Mais ici, plus qu'un travail de réflexion, nous vous présentons une élaboration constituée au fil du temps dans le champ d'expérience de la rencontre entre deux institutions qui apparaissaient plus habituées au développement séparé qu'à l'action conjointe. De cette rencontre une pratique s'est mise en forme. Des modalités de fonctionnement (plus qu'un modèle) ont fini par donner corps à cette dimension contenante du cadre qui doit faire *le lien* entre les deux institutions, et permettre ainsi à l'enfant de s'engager dans un travail d'intégration et de mise en sens de ses perceptions, de ses affects, de ses pensées.

Trois idées fortes orientent le sens de cette construction :

- la première condition tient à l'enfant lui-même. Il s'agit de proposer l'intégration en milieu scolaire lorsque l'état de l'enfant nous semble compatible avec les contraintes liées à une scolarisation dans un groupe scolaire qui requiert une capacité, au moins à minima, pour s'adapter à l'intensité des échanges et des circulations intra-institutionnels, ainsi qu'aux expériences de séparation que cette rencontre présuppose.
- la seconde porte sur l'exigence de mettre en place, le plus tôt possible, un dispositif thérapeutique susceptible de soutenir l'enfant dans son projet d'intégration. En effet, l'intégration ne saurait tenir lieu de soins psychiques puisqu'elle n'est pas en elle même une mesure thérapeutique. C'est pourquoi une petite équipe pluridisciplinaire est détachée par le service de pédopsychiatrie pour travailler directement avec l'école et en liens quotidiens avec les enseignants des deux classes intégrées. Dans un premier temps cette équipe s'est baptisée : « *équipe classes intégrées* ». Depuis deux années maintenant elle dispose de locaux

spécifiques au sein du service de soins et elle a changé son nom pour s'identifier sous le nom de *Graffiti*.

• enfin, l'enfant est adressé le plus souvent par une équipe d'un C.M.P. interne au service de pédopsychiatrie, plus rarement par des équipes extérieures. Dans la mise en place du cadre, nous souhaitons que le médecin et l'équipe qui adressent l'enfant restent en position de consultant et de référent extérieurs. Ces derniers continuent la relation avec l'enfant et sa famille. Ils conduisent le travail psychothérapique si nécessaire. Ils maintiennent ainsi un lien et suivent l'évolution de l'enfant au cours de son cheminement dans le cadre de l'intégration scolaire. L'équipe référente aide ainsi l'équipe de Graffiti à penser la situation de l'enfant avant, pendant et après son passage par l'intégration scolaire. Graffiti s'inscrit ainsi en position intermédiaire, entre l'équipe soignante de référence et l'école. Sa fonction permettra de conjoindre les contraintes de l'école avec les aspects cliniques des enfants qui lui sont confiés.

LES INDICATIONS

La population clinique qui concerne l'intégration scolaire est constituée par de jeunes patients, la plupart du temps bien connus du service de pédopsychiatrie. Ces enfants, en âge d'une scolarité primaire, ont généralement bénéficié de soins à l'hôpital de jour ou dans le cadre des activités thérapeutiques à temps partiels. Pour la plupart, ils connaissent déjà l'école pour avoir expérimenté une intégration, souvent à temps partiel, dans des classes en maternelle.

D'un point de vue nosographique et à partir de la Classification Française des Troubles Mentaux de l'Enfant et de l'Adolescent (C.F.T.M.E.A.), deux grandes catégories diagnostiques représentent l'essentiel des organisations psychopathologiques rencontrées dans le cadre des indications portées vers l'intégration scolaire : les dysharmonies psychotiques et les troubles de la personnalité pris dans une dysharmonie évolutive. A côté de ces deux grands groupes diagnostiques, nous comptons deux enfants pour lesquels un diagnostic d'autisme est avancé (sur les 24 enfants suivis dans ce cadre).

Les dysharmonies psychotiques

Tant du point de vue clinique que psychopathologique, ce diagnostic consiste à associer la notion de dysharmonie développementale et celle des traits et mécanismes psychotiques.

Dysharmonique car les résultats obtenus à partir des outils classiques d'évaluation du rythme de développement psychologique sont dispersés, hétérogènes. L'impression intuitive que nous laisse ces enfants dans un premier temps est, *malgré un tableau parfois d'apparence déficitaire, une préservation des potentialités cognitives et une réelle perspective évolutive.* Comme nous l'avons déjà indiqué, la quasi-totalité des enfants scolarisés dans ces classes sont connus du service depuis longtemps. Ils ont bénéficié soit d'une hospitalisation de jour au cours de la petite enfance, soit de soins à temps partiel au C.A.T.T.P. L'orientation vers le dispositif « classes intégrées » suppose qu'il n'y ait pas d'altération profonde des capacités logiques et opératoires qui, si elles ne sont pas mesurées aux tests, sont repérées par l'équipe soignante à partir de l'observation clinique directe de l'enfant effectuée dans le cadre des diverses activités thérapeutiques à support institutionnel. Ainsi, un des critères d'indication est représenté par les bonnes potentialités, au moins « pressenties » chez l'enfant lorsque les outils classiques d'évaluation ne nous permettent pas de les vérifier.

Le second point concerne l'axe *psychotique*. Il est marqué par les troubles de la communication, la présence de différentes formes d'expression de l'angoisse, des bizarreries du comportement, des activités défensives répétitives ; tout ceci bien que l'enfant conserve cliniquement des possibilités de contacts. Les enfants en situation d'intégration dans un groupe scolaire doivent être effectivement capables de cette adaptation « à minima » qui leur permettra de tirer profit d'un environnement certes riche, mais aussi complexe dans son organisation et souvent insécurisant par l'importance des phénomènes de groupe que contient l'univers scolaire ordinaire. Cette capacité préservée chez l'enfant à trouver les voies d'une adaptation précaire aux contraintes imposées par la vie collective résulte d'une distinction entre le moi et le non moi rendue possible par des mécanismes impliquant le clivage, le déni, l'identification projective et l'omnipotence. Ces modalités défensives sont coûteuses, contraignantes, restrictives dans les possibilités d'échanges avec autrui. Il en découle une pauvreté de l'élaboration secondaire de l'activité fantasmatique et des processus de pensée. Ici, les processus primaires sont dominants, et l'enfant ne peut médiatiser et utiliser les fonctions instrumentales pour maîtriser son angoisse et sa détresse. Les troubles cognitifs sont toujours importants et entravent fortement les capacités d'apprentissages. *C'est ainsi que l'on note chez ces enfants des risques majeurs d'évolution vers des organisations de type déficitaires.*

A côté des dysharmonies psychotiques, nous pouvons dégager un second groupe diagnostic parmi les enfants suivis dans le cadre de l'intégration scolaire. Il s'agit d'enfants qui ne présentent pas de traits et mécanismes de la série psychotique, et dont le premier contact avec la structure de soins s'est établi généralement dès l'école maternelle qui révèle les difficultés profondes d'adaptation et les troubles des apprentissages. Ces difficultés invalident toute possibilité de poursuivre une scolarité dans un cadre d'enseignement ordinaire, l'orientation vers l'intégration scolaire offre un support institutionnel pour une prise en charge globale et multipolaire.

Les troubles de la personnalité et/ou du comportement pris dans une dysharmonie évolutive

L'enfant présente un déficit dysharmonique, hétérogène car n'affectant pas de la même façon le développement psychomoteur, le langage et les fonctions cognitives. Dans ce contexte également, l'angoisse sous-jacente est massive et mal contrôlée. Elle se manifeste par l'agitation le plus souvent et des passages à l'acte soudains, mais aussi par l'expression de fantasmes crus et primitifs. En dépit d'une adaptation de surface et si l'enfant présente des défaillances multiples, les défauts d'élaboration de la fonction contenante trouve une place essentielle ainsi que les processus de liaison, de symbolisation et de fantasmatisation. On note une difficulté d'accès aux jeux, qui sont la plupart du temps des jeux d'exercices où la dimension pulsionnelle est rapidement envahissante. Il n'y a pas de possibilité d'aménagement dans le temps de la décharge pulsionnelle, l'affect est immédiatement évacué.

Du point de vue de l'étude psychopathologique, on constate souvent dans l'histoire infantile précoce des situations de carences affectives, sociales ou éducatives. Des événements de ruptures ou des distorsions traduisant une discontinuité des processus de soins maternels, d'où la dimension narcissique prévalante de cette pathologie. Mais pour R. Mises (1989), si dans l'histoire de l'enfant «*se sont inscrites des failles, des distorsions qui altèrent le déroulement de l'histoire vécue* » et mettent en échec les mouvements d'individuation-séparation, on note que c'est « *sans pour autant que survienne une véritable rupture entraînant les remaniements propres à la psychose* ». C'est d'ailleurs à ce niveau que se situe la distinction avec les dysharmonies psychotiques.

L'enfant est ainsi exposé aux menaces liées à l'absence de l'objet, ce qu'il montre insidieusement dans sa difficulté à investir le nouveau et l'importance qu'il attribue aux liens ritualisés (même lorsque ces liens sont attaqués dans un second temps). Les références à une expression dépressive de fond sont très souvent évoquées dans les réunions de synthèse clinique, même lorsque cette dimension est contrebalancée par une excitation maniaque, comme déni de la souffrance psychologique. Les failles narcissiques sont donc très importantes et se traduisent chez ces enfants par une incapacité à construire une image satisfaisante d'eux-mêmes. Ils ne supportent pas l'échec et détruisent souvent leurs réalisations car rarement satisfaits de leurs productions. Les échecs subis dans les apprentissages scolaires ont un effet de renforcement des blessures narcissiques et font obstacle à un investissement scolaire qui bute sur une position de refus très difficile à dénouer dans le contexte d'une scolarisation dans une classe ordinaire.

Ainsi, il est possible de distinguer deux axes parmi les indications concernant l'intégration scolaire :

- l'un *objectal*, qui suit la ligne de différenciation / individuation, de séparation moi/non moi, et met en jeu la constitution même de l'objet interne séparé de l'objet objectivement perçu. Cet axe constitue les fondements même de l'activité de représentation de l'objet et, en conséquence, détermine l'intégrité structurelle des processus de pensée qui en découlent. Ce qui est en jeu ici c'est l'affranchissement de la *perte* par l'enfant sans lequel l'hallucination de l'objet tente de se substituer indéfiniment à la perception du manque. L'utilisation abusive d'un tel mécanisme conduit au développement d'un monde psychotique. Cet axe concerne principalement les « dysharmonies psychotiques ».
- l'autre *narcissique*, qui se rapporte à la permanence et à la continuité des soins, qui touche à la capacité pour l'enfant de s'auto-investir dans une représentation stable de lui même. Ici, ce sont surtout les jeux de symbolisation qui sont affectés et marqués par un manque de fluidité. Cette fluidité de l'activité représentative qui dépend de la capacité de l'enfant à s'affranchir de la question de l'*absence*, pour investir des objets nouveaux parce que, fort de sa « *capacité d'être seul en présence*

de l'autre », l'enfant ne se sent pas confronté aux risques de la perte. Dans le cadre de situations précoces exposant l'enfant à la discontinuité, si l'absence de l'objet primaire est reconnue par l'enfant, l'expérience reste trop douloureuse et génératrice d'une souffrance narcissique qui ne parvient pas à se cicatriser. Ce qui est en jeu ici, c'est la capacité à investir des activités de pensée du fait de la rigidité des jeux impliquant les systèmes de représentation et du caractère figé des symbolisations. Cet axe concerne principalement les « Dysharmonies évolutives ».

GRAFFITI

Graffiti est une unité fonctionnelle qui rassemble une petite équipe pluridisciplinaire (un psychiatre, une orthophoniste, une infirmière, une psychomotricienne, un éducateur spécialisé, un psychologue, pour un total de 3,5 équivalents temps pleins). Les troubles de la représentation et de l'organisation de la pensée, leur implication dans la réalisation des apprentissages constituent l'axe essentiel de son travail. Particulièrement chargée de la mise en place et du suivi du projet d'intégration de l'enfant, cette équipe construit son intervention à partir d'actions se déroulant dans ou hors le groupe scolaire, en individuel ou en groupe.

Si la plupart des enfants ont un suivi psychothérapique dans un lieu du service, il est donc, conjointement à ce soin, organisé un suivi et un soutien des enfants dès leur entrée dans le dispositif. Il s'agit d'établir d'emblée un équilibre optimum entre les temps de scolarisation de l'enfant et certaines des activités thérapeutiques de soutien dispensées dans le cadre de Graffiti. Les indications vers ces prises en charge doivent suivre l'évolution de l'enfant dans le cadre de son projet d'intégration. Ces indications peuvent être ponctuelles ou s'inscrire dans des durées définies à l'avance à partir d'un plateau technique offrant différents types de prises en charge que l'on peut répartir selon trois axes.

Les activités thérapeutiques proprement dites

On distingue trois supports possibles :

- participation, sur indication de l'équipe, à l'un ou à plusieurs des groupes thérapeutiques proposés dans le cadre de Graffiti (groupe contes, repas thérapeutique, groupe informatique, groupe expression, musico-thérapie... etc),

- un soutien individuel si nécessaire lorsque les difficultés comportementales mettent en péril le projet d'intégration. Ce soutien individuel peut parfois s'effectuer dans le cadre même de la classe, par la présence de l'adulte aux côtés de l'enfant. Parfois il s'effectue en dehors du cadre scolaire et de Graffiti dans la mise en oeuvre d'un projet construit par l'enfant et l'adulte. Mais il peut s'agir également (bien que plus rarement) d'une proposition de travail individuel dans le cadre d'un soutien des apprentissages pour un enfant montrant des appétences particulières à un moment donné,

- un accueil séquentiel dans le service de soins pour les pathologies les plus graves. Cet accueil fonctionne à raison de deux demi-journées par semaine, il permet un allègement des temps de scolarisation tout en renforçant l'axe thérapeutique. Cet accueil est consacré à des activités thérapeutiques en petits groupes autour des différents médiateurs habituellement proposés à ce type d'enfants.

Nous le rappelons, tous les enfants ne bénéficient pas systématiquement d'une de ces propositions thérapeutiques, celles-ci font l'objet d'indications élaborées au fil des réunions de synthèses et participent à l'élaboration progressive d'un projet individualisé.

L'évaluation et la recherche

Nous considérons que Graffiti constitue un cadre privilégié pour conduire une réflexion sur les troubles des apprentissages sous-tendus par les organisations psychopathologiques. Notre contact quotidien avec les enfants en même temps que notre proximité avec l'école nous permettent de recueillir des informations essentielles concernant l'expression des troubles d'organisation de la pensée dans le contexte des acquisitions fondamentales. Ces observations concernant les acquisitions réalisées (ou non) par l'enfant nourrissent la réflexion clinique et permettent d'adapter au fil du temps son projet global d'intégration. Mais, au delà de ce travail « *d'évaluation dynamique* », et en lien avec d'autres institutions soignantes, nous conduisons actuellement un travail de *recherche* portant sur l'évaluation des compétences cognitives préservées dans le cadre d'organisations psychopathologiques qui invalident fortement la capacité d'apprentissage. Ce travail a permis la mise au point d'un protocole construit à partir d'un modèle néostructuraliste du développement de l'enfant (modèle de Pascual Leone : la théorie des opérateurs constructifs) qui est quasi systématiquement proposé à tous les enfants de l'intégration scolaire.

Les activités visant l'intégration

A côté des activités qui mobilisent les professionnels de la santé dans leur cadre spécifique, symboliquement bien différencié du cadre scolaire, un certain nombre d'initiatives effectuées en direction de l'école figurent l'intersection entre les spécificités institutionnelles. Ces actions s'inscrivent la plupart du temps dans un objectif d'intégration psychosociale, elles impliquent généralement tous les enfants, et ne sont donc pas l'objet d'indication (puisqu'elle ne sont pas définies comme activités de soins).

Chaque enfant participe ainsi aux projets impliquant son groupe classe et organisés à partir d'une collaboration entre le personnel de Graffiti et l'enseignant de la classe (poneys, sorties découvertes au musée, sculptures, exploration de l'environnement, préparation du spectacle de fin d'année, etc..). Pour la plupart, ces actions sont localisées dans le temps et dans l'espace, faute de quoi elles se dilueraient dans le non sens sous l'effet d'une homogénéisation diffuse avec le reste de la vie scolaire.

Notons enfin que ces interventions menées dans le cadre même de l'institution scolaire ont également trouvé une extension à partir d'une participation de deux soignants aux ateliers décloisonnés organisés en collaboration avec une classe de CE2.

MODALITES GLOBALES DE FONCTIONNEMENT DE L'INTEGRATION SCOLAIRE

Au total, ces classes sont donc partie prenante du projet de l'école d'accueil. Un équilibre s'établit entre :

- les actes d'enseignement en classe,
- les temps d'intégration individuels ou collectifs dans les autres classes et dans les activités de l'école,
- les soins à l'extérieur de l'école, proposés par l'équipe médico-psychologique référente de l'enfant (C.A.T.T.P. d'origine),
- les interventions multipolaires dans le cadre de Graffiti.

Le fonctionnement de l'ensemble du dispositif est réglementé par une convention impliquant une triple participation :

- de l'Education Nationale qui affecte des enseignants spécialisés,
- de la commune d'Echirolles qui met à disposition les locaux, en assure l'aménagement ainsi que l'entretien, et finance un poste d'A.T.S.E.M.,
- enfin du service de pédopsychiatrie, qui détache une équipe pluridisciplinaire.

L'admission dans cette classe s'effectue sur proposition du service de pédopsychiatrie selon la procédure suivante : un médecin consultant, référent de l'enfant dans le cadre d'un des C.A.T.T.P. du service présente le dossier à l'équipe de l'intégration scolaire en vue d'une admission. Cette rencontre sera l'occasion d'envisager à partir des différents éléments fournis (bilans, comptes rendus divers, éléments sur la situation sociale et familiale de l'enfant) les possibilités d'un accueil de l'enfant et les modalités de cet accueil. Si l'indication est confirmée, le médecin référent propose cette nouvelle orientation à l'enfant et sa famille. Parallèlement, l'équipe référente, en lien avec le psychologue scolaire de l'enfant, constitue et présente le dossier en commission de circonscription. La C.C.P.E. décide de l'admission, en informe les parents qui peuvent inscrire leur enfant dans la classe. Souvent, un contact s'établit entre l'enfant, la famille et le groupe scolaire, avant le passage en C.C.P.E.

Le suivi et l'évaluation du fonctionnement dans son ensemble sont assurés par deux types de réunions :

- dans une perspective dynamique et continue, une réunion de synthèse hebdomadaire et par classe est le lieu du suivi au quotidien de l'enfant et de la régulation entre les soins, les apprentissages et le projet d'intégration. Un planning de synthèse trimestriel permet de rassembler pour chaque synthèse d'un enfant : l'*enseignant*, les représentants de *l'équipe de référence* pour l'enfant et *l'équipe Graffiti*,
- à côté de ces réunions de synthèse nous organisons une à deux rencontres annuelles élargies (I.E.N.,I.E.N.-A.I.S., enseignants du groupe scolaire, équipe médico-psychologique) afin d'assurer le suivi du projet d'intégration dans le cadre général de l'école.

CONCLUSION

Chacune des activités thérapeutiques proposées dans le cadre de Graffiti sont autant de matière à symboliser pour l'enfant, parce qu'elles sont localisées et limitées dans le temps et dans l'espace. Parce qu'elles découpent sur le *fond de l'expérience scolaire* des formes signifiantes dans un système de différenciations significatives entre des espaces symboliques qui se construisent toujours dans le champ d'une relation continue avec un adulte représentant de son cadre de référence. En ce sens, si les discours respectifs de l'école et du service de pédopsychiatrie se rencontrent, il est naturel qu'ils s'opposent et se contredisent dans un mouvement différenciateur et une mise en perspective qui jalonne le fonctionnement inter-institutionnnel.

Par contre, les temps de présence dans le cadre scolaire, une participation « décalée » à la vie de l'école, ainsi que les synthèses communes (enseignants, soignants), sont des points d'articulation qui nous paraissent maintenant indispensables pour la mise en place du cadre global de l'intégration scolaire. Comme processus de liaisons, ils concrétisent l'espace de la rencontre, ils inscrivent dans le fonctionnement institutionnel même, l'exigence de chacun de ses membres d'avoir les autres présents dans la tête.

De la même façon, nous insistons sur l'importance des accompagnements des enfants en direction du lieu de soins. Au cours de ces trajets entre l'école et Graffiti, les transports sont toujours l'occasion pour l'adulte et l'enfant de se représenter ce lien en nommant l'activité thérapeutique à venir, en évoquant son inscription dans le projet personnel de l'enfant et en précisant le moment du retour sur l'école. Pour éviter le morcellement de l'expérience vécue en temps et en espace qui ne communiquent pas.

Autour du désir d'apprendre

Docteur Michèle DAMIRON *

Pour introduire mon propos, je voudrais faire deux remarques concernant les apprentissages scolaires chez tout un chacun sachant qu'il est impossible d'épuiser l'ensemble des facteurs (individuels, familiaux, culturels, sociologiques, mentaux, corporels...) mis en jeu dans ces questions.

- La première remarque, sous forme de rappel, concerne le désir d'apprendre : il participe en grande partie de la curiosité sexuelle - à l'apogée durant la période oedipienne - et de son refoulement. Pour que l'enfant puisse refouler sa curiosité sexuelle, qu'il renonce à tout ce qui est sexuel (phase de latence) et ainsi développe son intelligence, il faut que l'instance phallique tienne, donc qu'il fasse inconsciemment un lien entre un sexe et l'autre (lien qui dépasse de loin la seule question physiologique).

Ce rappel pour dire que pour tout enfant, en bonne santé psychique ou névrosé, ce désir existe bel et bien [même s'il peut être inhibé pour de multiples raisons environnementales et/ou intrapsychiques] et qu'il se situe initialement du côté de l'envie et non du côté de l'obligation ou de l'injonction surmoïque et encore moins du besoin. En revanche chez l'enfant psychotique, pour des questions structurelles, l'existence même de ce désir d'apprendre est problématique, voire impossible.

- La seconde remarque, sous forme d'hypothèse, concerne le passage de la forme orale à la forme écrite : ce passage réactualise une problématique en rapport avec la langue. Il est un franchissement d'un code à un autre qui concerne la langue.

Pour ce qui a trait à la parole : les mots, la syntaxe appartiennent à un code, celui de la langue maternelle. Parler suppose de s'y aliéner et d'accepter qu'irrémédiablement quelque chose de soi se perde car la langue ne peut tout dire.

Cette expérience est vécue par le tout petit enfant imaginairement comme une mutilation, un traumatisme. Cette souffrance, liée à l'entrée dans la parole, est tombée dans l'oubli. L'observation montre que le langage apparaît pour un enfant dans un moment de rupture : l'enfant se lance. Pour certains psychotiques cela ne se fait pas, mais nous avons sans cesse le sentiment que cela va se faire, qu'il ne manque presque rien... et cela ne se fait pas.

De cet oubli où nous sommes de ce que parler signifie, il nous reste une trace : celle de plaisir - soulagement ? - à entendre un tout jeune enfant se mettre à parler.

Pour ce qui concerne le passage de la forme orale à la forme écrite : il s'agit là aussi d'entrer dans un code. C'est un moment douloureux, difficile, plus ou moins bref, selon chacun. Lorsque ça c'est bien passé, on oublie.

Reste là aussi, comme souvent seule trace, l'inquiétude des adultes à l'idée que l'enfant ne puisse pas apprendre (voire l'angoisse plus ou moins manifeste et l'activisme plus ou moins rationalisé de certains parents).

Lorsque l'enfant franchit cette étape, c'est aussi dans un moment de rupture : il se lance. Lorsque ce passage ne se fait pas, on a toujours le sentiment qu'il ne manque presque rien mais...

Nous observons fréquemment chez les patients que nous aidons que l'entrée dans la lecture est précédée d'un moment quasi dépressif (d'autres auteurs constatent que ce moment dépressif se situe, pour des enfants longtemps non-lecteurs, après l'entrée dans la lecture).

C'est du repérage de cette souffrance, souffrance renforcée de l'atteinte narcissique que l'échec entraîne, qu'est née l'idée d'un accompagnement psychique de ces jeunes élèves.

Parallèlement et au-delà des deux remarques précédentes, une question nous préoccupe : est-il possible de faire un lien entre difficultés scolaires et grandes catégories nosographiques psychiatriques ? [hors déficiences mentales moyennes et sévères]. La réponse est délicate : il existe des enfants névrosés qui apprennent et d'autres non ; de même qu'il existe des enfants psychotiques qui apprennent et d'autres non. L'enjeu est évidemment de mettre en évidence de possibles pédagogies différenciées pour les uns et les autres.

Il est sûr que pour une même expression symptomatique, le statut du symptôme scolaire est différent pour la névrose, la psychose, et les pathologies narcissiques (dysharmonies évolutives).

Ce statut varie :

- d'une part quant aux places et fonctions de l'enseignant et de l'enseigné,
- d'autre part quant à l'objet, ici celui des connaissances, dont il s'agit qu'il passe de l'un à l'autre, qu'il s'échange, se transmette.

A défaut de pouvoir dégager des techniques pédagogiques spécifiques - ce dont je suis bien incapable - je vous propose d'essayer de repérer comment chacun des patients parle de ses difficultés.

Le névrosé a quelque chose à dire sur le savoir scolaire. Il lui prête des qualificatifs sous forme dénégative [il peut dire : « c'est idiot, c'est nul, ça sert à rien, j'ai pas envie »].

Il voudrait aussi s'approprier ce savoir mais s'en sent empêché [« J'y arrive pas, c'est trop difficile »].

Discours autour aussi de la compétence, de la personnalité de l'enseignant(e)... Perce alors sa difficulté comme source de souffrance, à laquelle s'attachent culpabilité , angoisse et doute.

Cette difficulté à apprendre s'inscrit donc dans une dialectique.

Le psychotique n'a presque rien à dire de ce savoir ; il ne lui prête ni qualité, ni défaut, encore moins de l'intérêt. L'existence même d'un objet à prendre est incertaine.

Il peut acquérir les rudiments de la lecture quelques temps et les oublier et ceci de façon récidivante. Quelquefois il maintient des acquisitions stables mais peut ne pas avoir accès à la signification de ce qu'il lit...

De même des places et fonctions de chacun, du rapport à l'autorité, etc..., de tout ça il ne peut en dire grand chose.

En ce qui concerne les pathologies narcissiques, il s'avère que ce sont les enfants pour lesquels nous nous sommes heurtés aux plus gros échecs scolaires persistants.

Apprendre pour ces derniers n'a de valeur que si l'apprentissage est soutenu par la présence physique et l'attention exclusive de l'enseignant. Le savoir scolaire est un objet réel qui ne vaut que comme prétexte à la présence réelle de l'autre, à son amour.

Apprendre ne vaut que pour sa valeur d'usage, ça n'est poinçonné d'aucun désir .

b et a font ba uniquement en présence d'un autre.

L'existence de l'objet « savoir » est repérée mais n'a pas de valeur symbolique. L'échec ne suscite ni angoisse, ni culpabilité, ni doute.

Je voudrais faire une *remarque* pour nuancer mon propos concernant l'enfant névrosé : toute difficulté scolaire chez un enfant (non psychotique) n'est pas forcément imputable à un état névrotique.

Les problématiques liées à l'apprentissage scolaire sont certes le plus souvent symptomatiques d'une difficulté psychique mais de qui ?

Il convient de distinguer chez ces enfants deux catégories de symptômes :

- le symptôme propre à l'enfant, expression symbolique d'un conflit psychique inconscient, soit le texte constitutif de la névrose du sujet.

- les manifestations symptomatiques, produit de l'organisation parentale *inconsciente,* et qui constituent des réponses de l'enfant à la névrose de ses parents. Ces manifestations font lien entre le réel que représente l'enfant et l'imaginaire et le symbolique des parents.

La difficulté scolaire, lorsqu'elle dérange (ce n'est pas toujours le cas) est l'objet d'une plainte parentale, d'une souffrance qui, lorsque les parents acceptent d'en parler, permet de laisser surgir un dire qui fait lien entre leur propre histoire, passée et actuelle, et le symptôme de l'enfant. Ce symptôme fonctionne pour eux comme un signe qu'ils décodent de manière univoque et qui assigne à l'enfant une place [alors que tout développement d'un enfant quel qu'il soit est émaillé d'émergences symptomatiques qui demeurent éphémères]. Là, quelque chose se fige.

Pour expliciter mon propos, je citerai l'exemple d'une mère qui me disait au sujet de son fils (7 ans) :

« Je sais qu'il n'est pas bête, mais il refuse de faire ses devoirs, on s'énerve tous les deux ; ça dure longtemps, c'est une bataille ».

Elle ajoutait plus loin : « il me fait marcher » puis « depuis qu'il est tout petit, il me fait marcher »

Elle le disait sans entendre que c'est son fils qui la faisait marcher, au sens de tenir debout. Car, pour elle, dans sa vie ça ne marchait pas (quant à son travail : elle n'avait pas fait d'études - quant au statut social de son mari etc...).

C'est en faisant jouer l'équivoque autour de ce dire que ce qui était figé pouvait à nouveau circuler.

Au bout de quelques entretiens, les symptômes de l'enfant disparaissaient : l'enfant et le parent étaient capables d'analyser ce qui organisait leur place respective.

Ceci étant, s'il convient de ne pas engager dans ce cas l'enfant dans une thérapie, rien ne permet de prédire si ce type de manifestations symptomatiques ne deviendra pas, dans l'après-coup, le symptôme de la névrose du sujet ou bien s'il disparaîtra sans laisser de trace.

Pour revenir plus précisément aux préoccupations de notre équipe et aux difficultés scolaires de l'enfant psychotique : ce que l'on sait de leurs troubles psychopathologiques peut-il être utile à l'enseignant ?

Il me semble qu'enseigner à un enfant psychotique suppose que l'on tienne compte du rapport de ce dernier à la langue (rapport aux mots, rapport à la syntaxe).

Pour lui, les mots sont des choses. Les psychotiques peuvent parler mais la langue leur reste étrangère, dite dans une certaine étrangeté : les mots n'acquièrent pas une fonction au delà de la simple désignation. Et lorsque un mot acquiert un sens, sa signification se fige : il n'est pas pris dans l'équivoque, la polysémie.

Cette rigidité dans l'usage de la langue se retrouve aussi dans l'articulation [voix curieuse, monocorde ou mécanique, sans rythme, sans scansion avec utilisation de « mots-valises », énoncés holophrasiques].

Le psychotique fait aussi un usage privé de la syntaxe. Cela s'entend particulièrement bien dans les formes pronominales inversées.

Cet usage singulier de la langue, cette impossibilité de jouer de l'équivoque, de la polysémie, les rend sourds aux mots d'esprit, à l'humour et au plaisir de communiquer avec des mots.

Or, ce qui donne de la valeur à une langue et qui provoque notre intérêt à son endroit est beaucoup moins de l'ordre du sens que de l'accès qu'elle permet à l'équivoque. Et il va de soi que pour pouvoir jouer sur le sens encore faut-il que plusieurs sens - pour un même énoncé - soient possibles. Rappelons ce moment jubilatoire où l'enfant s'approprie la langue et joue du phonème indépendamment de sa signification (cf. Lacan : le chien fait *miaou*, le chat fait *woua-woua*).

Pour exemple citons ce moment pédagogique rapporté par l'institutrice : à un enfant psychotique prénommé JEAN, l'institutrice dit : « Ecris « JEAN ». Il l'écrit.

Lorsqu'elle lui dit « Ecris ton prénom », il est incapable d'écrire « JEAN ».

Enseigner à un enfant psychotique c'est au moins :

- lui supposer un désir d'apprendre [même si l'on sait - comme je l'ai souligné précédemment - que l'existence de ce désir est problématique] soit ne pas considérer ses difficultés scolaires comme une incapacité constitutive, une déficience, mais comme un des avatars possibles de l'accès à la subjectivité,

- mettre au travail son rapport à la langue parlée et écrite : travail sur le découpage des mots, des phrases, leur recomposition dont peut surgir un sens nouveau. C'est à dire un travail sur l'autonomisation du signifiant par rapport au signifié qui permet que l'on s'intéresse à la langue au delà de sa seule fonctionnalité.

CONCLUSION

Tenter d'aider des enfants en grande difficulté psychique et scolaire est très enrichissant. Que nous disent ces enfants qui n'arrivent pas ou mal à apprendre ? Ils viennent interroger notre rapport à notre travail, à notre savoir. Ils viennent nous bousculer et raviver, s'il s'était endormi, notre désir d'apprendre - et de cela, nous leur en sommes très reconnaissants.

Références bibliographiques

FREUD S. (1951 trad.fr.) *Inhibition symptôme et angoisse*. P.U.F. Paris

LACAN J. (1958-59) *Le désir et son interprétation*. séminaire inédit

LAZNIK-PENOT MC. *Vers la parole - l'espace analytique* DENOËL

Sous la direction de MELJAC Claire *Les enfants hors du lire*

TABLE DES MATIERES

REPERTOIRE DES SIGLES UTILISES..............................7

AVANT-PROPOS..............................9

CHAPITRE I :

L'APPORT DE LA PSYCHOLOGIE A L'ECOLE

1 – La place du psychologue scolaire dans l'école.
Michel ROURE..............................15
2 – Pour une analyse psycho-sociale du comportement des élèves.
Pascal PANSU, Eric DEPRET..............................31
3 – Apport de la Neuropsychologie cognitive à la pratique en psychologie scolaire.
Sylviane VALDOIS..............................47
4 – Méthodologie de l'entretien systémique en milieu scolaire.
Yveline REY..............................79
5 – Autour du désir d'enseigner et au-delà à propos des enseignants et des psychologues au sein de l'école.
Marie Claude BAIETTO..............................95
6 – Comment dire ? Comment-taire ?,
Corinne BOGNAR..............................123

CHAPITRE II :

DES PRATIQUES DE PSYCHOLOGUES DANS L'ECOLE

1 – Approches psycho-sociales en psychologie scolaire : des pratiques alternatives pour remplir toutes les missions du psychologue scolaire.
Jean Claude GUILLEMARD..............................145
2 – Interventions en CL.I.S.
Dyanne FRAGA-REOLON..............................161
3 – Le travail en équipe pluridisciplinaire à l'école.
Chantal SOUQUET..............................165
4 – Le tutorat à l'école.
Arlette GERVASI..............................175

5 – La relation du psychologue scolaire et de l'enseignant.
Françoise PRADEL 181
6 – L'école est-elle thérapeutique ?
Marie Claude ROLLANDIN 185
7 – Convention d'Intégration et Projet Educatif Individualisé.
Robert GIRARD 189
8 – Intégration scolaire des enfants à besoins spécifiques
A la recherche d'une démarche outillée,
Michèle LAPEYRE, Pierre BONJOUR 193

CHAPITRE III :

L'ECOLE THERAPEUTIQUE ?
ENSEIGNER A DES ENFANTS
EN GRANDES DIFFICULTES PSYCHIQUES

1 – Mot à maux,
Colette SAPIN 205
2 – Du dedans au dehors : A propos d'une expérience
de classes thérapeutiques externalisées, ... 215
Laurent METZGER 217
Marie Christine LEON 223
Françoise CHABERT 231
3 – Du Graffiti à l'écrit. Une pratique d'intégration scolaire
Introduction,
Michèle DAMIRON 237
Une pratique d'intégration scolaire : approche descriptive,
Serge MANIN 239
Autour du désir d'apprendre,
Michèle DAMIRON 257

TABLE DES MATIERES 267

Collection CRESAS
INRP / L'Harmattan

Déjà parus

Ecoles en transformation : zones prioritaires et autres quartiers, n°1, 1984.
Intégration ou marginalisation ? Aspects de l'éducation spécialisée, n°2, 1984.
Ouvertures : l'école, la crèche, les familles, n°3, 1984.
Depuis 1981, l'école pour tous ? Zones d'éducation prioritaires, n°4, 1985.
Dans un jardin d'enfants, des enfants marionnettistes, n°5, 1987.
La pédagogie du contrat et le contrat en éducation, n°6, 1987.
Les uns et les autres. Intégration et lutte contre la marginalisation, n°7, 1988.
Ecoles et quartiers. Des dynamiques éducatives locales, n°8, 1989.
Accueillir à la crèche, à l'école. Il ne suffit pas d'ouvrir la porte, n°9, 1992.
L'enfant apprenti lecteur. L'entrée dans le système écrit, n°10, 1993.
Enfants handicapés à l'école. Des instituteurs parlent de leurs pratiques, n°11, 1994.

Collection ***Psycho-Logiques***
dirigée par Philippe Brenot et Alain Brun

Sans exclusives ni frontières, les logiques président au fonctionnement psychique comme à la vie relationnelle. Toutes les pratiques, toutes les écoles ont leur place dans Psycho-Logiques.

Dernières parutions

Jean-Marie ROBINE, *Gestalt-thérapie. La construction de soi.*
Nathalie GIRAUDEAU, *Le sida à l'écran.*
Evelyne BERTIN, *Gérontologie, psychanalyse et déshumanisation...*
P. A. RAOULT (sous la dir. de), *Souffrances et violences : psychopathologie des contextes familiaux.*
Mathieu BEAUREGARD, *La folie de Valery Fabrikant.*
Geneviève RAGUENET, *La psychothérapie par le conte.*
Michèle DECLERCK, *Le schéma corporel en sophrologie et ses applications thérapeutiques.*
Françoise MAURY, *L'adoption interraciale,* 1999.
Nicole LEGLISE, *L'enfant du milieu ou comment être seul dans une fratrie de trois*, 1999.

Collection ***Psychanalyse et Civilisations***
Série Trouvailles et Retrouvailles
dirigée par Jacques Chazaud

Renouer avec les grandes oeuvres, les grands thèmes, les grands moments, les grands débats de la Psychopathologie, de la Psychologie, de la Psychanalyse, telle est la finalité de cette série qui entend maintenir l'exigence de préserver, dans ces provinces de la Culture et des Sciences Humaines, la trace des origines. Mais place sera également donnée à des Essais montrant, dans leur perspective historique, l'impact d'ouverture et le potentiel de développement des grandes doctrines qui, pour faire date, continuent de nous faire signe et nous donnent la ressource nécessaire pour affronter les problèmes présents et à venir.

Dernières parutions

Au-delà du rationalisme morbide, Eugène MINKOWSKI, 1997.
Des idées de Jackson à un modèle organo-dynamique en psychiatrie, Henri EY, 1997.
Du délire des négations aux idées d'énormité, J. COTARD, M. CAMUSET, J. SEGLAS, 1997.
Modèles de normalité et psychopathologie, Daniel ZAGURY, 1998.
De la folie à deux à l'hystérie et autres états, Ch. LASEGUE, 1998.
Leçons cliniques sur la démence précoce et la psychose maniaco-dépressive, C. KRAEPELIN, 1998.
Les névroses. De la clinique à la thérapeutique, A.HESNARD, 1998.
L'image de notre corps, J. LHERMITTE, 1998.
L'hystérie, Jean-Martin CHARCOT, 1998.
Indications à suivre dans le traitement moral de la folie, F. LEURET, 1998.
La logique des sentiments, T. RIBOT, 1998.
Psychiatrie et pensée philosophique, C-J. BLANC, 1998.
Le thème de protection et la pensée morbide, Dr. Henri MAUREL, 1998.
L'écho de la pensée, Charles DURAND, 1998.
Henry Ey psychiatre du XXIe siècle, Association pour la fondation Henri Ey, 1998.
Mesmer et son secret, J. VINCHON, 1998.
De l'hystérie à la psychose, E. TRILLAT, 1999.
L'instinct et l'inconscient, W. H. R. RIVERS, 1999.
Hallucinations et délire, Henri EY, 1999.

Achevé d'imprimer en mai 1999
sur les presses de la Nouvelle Imprimerie Laballery
58500 Clamecy
Dépôt légal : mai 1999
Numéro d'impression : 905052

Imprimé en France